JAPANISCH, BITTE!

NIHONGO DE DOOSO!

日本語で　どうぞ！

Lehrbuch

von
Yoshiko Watanabe-Rögner
Noriko Matsui-van Lessen
Nanako Suga-Krick
Keiko Ono

LANGENSCHEIDT
BERLIN · MÜNCHEN · WIEN · ZÜRICH · NEW YORK

Japanisch, bitte!
Nihongo de dooso!

日本語で　どうぞ！

Japanisch für Anfänger

Autorinnen: Yoshiko Watanabe-Rögner, Noriko Matsui-van Lessen, Nanako Suga-Krick, Keiko Ono
(Mitglieder des Vereins zur Förderung des Japanisch-Unterrichts an VHS e.V.)

Gestaltung: Yoshiko Watanabe-Rögner, Nanako Suga-Krick

Illustration: Satoru Niitsu, Mayumi Akutsu

Umschlagfotos: Corel Stock Photo Library

Redaktion: Gabriela Lindner, Doris Boneder

Wir möchten uns auch bei den ehemaligen Mitarbeitern des Lehrwerk-Projekts, Herrn Ryoichi Ikeda, Frau Kiyoko Furomoto, Frau Natsu Kadoya, Frau Kumiko Kajiwara, Frau Yukiko Kishi-von Heyden sowie Frau Fujiko Takai für die konstruktive Zusammenarbeit zu Beginn des Projekts bedanken.

Dieses Lehrwerk wurde von der Japan-Foundation gefördert.
Das Lehrwerk wurde außerdem unterstützt von:
Sony, Japan Airlines (JAL),
NGK Spark Plug Europe GmbH, Nissan Design GmbH,
Hotel Niko Düsseldorf, Kirin Europe GmbH, Bando Chemical Industries (Europe) GmbH,
Nissei ASB GmbH, Japan Steel Works Ltd., Paris Miki International GmbH,
Mitsubishi Chemical Europe GmbH

Dieses Werk folgt der reformierten Rechtschreibung entsprechend den amtlichen Richtlinien.

Umwelthinweis: gedruckt auf chlorfrei gebleichtem Papier

Bestandteile:	
Lehrbuch	3-468-48830-0
Arbeitsbuch	3-468-48831-9
2 Audiokassetten	3-468-48832-7
Lehrerhandreichungen	3-468-48834-3

Auflage:	6.	5.	4.	Letzte Zahlen
Jahr:	2005	04	03	maßgeblich

Druck: Druckhaus Langenscheidt, Berlin-Schöneberg
Printed in Germany - ISBN 3-468-**48830**-0

Vorwort

Das Lehrwerk "Nihongo de dooso!" 日本語で　どうぞ！ wurde für den Kursunterricht in der Erwachsenenbildung konzipiert. "Nihongo de dooso!" wurde von Japanisch-Dozenten in Deutschland völlig neu entwickelt und mehrere Jahre erprobt.

- "Nihongo de dooso!" bietet als erstes Lehrwerk für Deutsche einen kommunikativen Ansatz, der die Lernenden befähigt, sich in realistischen Situationen auf Japanisch auszudrücken.
- Das Lehrwerk behandelt Themen aus dem Alltag und führt dabei in die höfliche Stilebene der modernen japanischen Umgangssprache ein.
- Im Abschnitt "Über Japan und Japanisch" erhält der Lerner interessante Informationen zur japanischen Landeskunde.
- Die kleinschrittige Progression ermöglicht es dem Lernenden, sich auf jeweils nur ein neues Element zu konzentrieren.
- Am Ende jeder Lektion werden alle neuen Strukturen, Wörter und Schriftzeichen in einem lebensnahen Dialog zusammen präsentiert und gefestigt.

Zusätzlich zu diesen didaktischen Innovationen, die den Zugang zur japanischen Sprache leichter und gleichzeitig interessanter machen, gibt es folgende wichtige Lernhilfen:

- Alle neu eingeführten Wörter werden in japanischer Silbenschrift dargestellt. So werden Bedeutung und Zeichen immer als Einheit gelernt, ohne dass der Umweg über die lateinische Umschrift gegangen werden muss.
- Alle neu eingeführten Schriftzeichen werden jeweils am Anfang der Lektion zusammen mit Ausspracheerklärungen eingeführt.
- Die Gesamtzahl der eingeführten Schriftzeichen ist gleichmäßig auf die Lektionen in lernerfreundlichen Portionen verteilt.

Das Lehrwerk besteht aus einem Lehrbuch, einem Arbeitsbuch und zwei Audiokassetten. Eine Lehrerhandreichung (in Japanisch) ist ebenfalls verfügbar. Das Lehrwerk bietet Stoff für ca. 80 - 100 Unterrichtseinheiten.

An dieser Stelle möchten wir der Japan Foundation besonders danken, die dieses Lehrwerk und dessen Veröffentlichung über mehrere Jahre großzügig finanziell unterstützt hat. Unser Dank gilt auch dem Japanischen Kulturinstitut in Köln und der dortigen Cheflektorin der Sprachkurse, Frau Yasuko Sawai, die uns während des Projekts als Ratgeberin sehr geholfen hat. Dieses Lehrwerk wäre ohne Frau Seiko Kakefuda, die Gründerin des "Verbandes der VHS-Dozenten für Japanisch", nicht begonnen worden, da sie die Initiative für das Lehrwerk-Projekt ergriffen hat. Auch ihr Nachfolger, Herr Ryoichi Ikeda, der Vorsitzende des "Vereins zur Förderung des Japanisch-Unterrichts an VHS e.V.", hat uns stets mit Rat und Tat zur Seite gestanden. Wir danken beiden herzlich. Last but not least sind wir allen Japanisch-Lehrern der Universität Köln und zahlreichen Volkshochschulen zu Dank verpflichtet, die unser Manuskript in ihrem Unterricht erprobt und uns wertvolle Verbesserungsvorschläge gemacht haben.

Yoshiko Watanabe-Rögner, Projektleiterin des Vereins zur Förderung des Japanisch-Unterrichts an VHS e.V., im Namen aller Verfasserinnen

Einleitung

Zeichen, die in den Lektionen verwendet werden:

、 und 。	: entsprechen jeweils dem Komma und dem Schlusspunkt im Deutschen.
「 」	: entsprechen den Anführungszeichen im Deutschen.
…	: bedeutet, dass die Wörter nicht ausgesprochen werden.
～	: wird als Platzhalter für ein oder mehrere Wörter benutzt.
*	: bedeutet, dass es eine zusätzliche Erklärung gibt.
	: Spezielle Übungen, die auf Hörkassette zu hören sind, werden durch dieses Zeichen gekennzeichnet. Zusätzlich sind alle Schrittüberschriften, die Beispielsätze und die Dialoge auf der Kassette zu hören, ohne dass sie dieses Zeichnen tragen.
【 】	: bedeutet, dass hier verschiedene Wörter eingesetzt und geübt werden können.

Die Fremdwörter in diesem Lehrwerk:
Lehnwörter aus Europa und Namen von Europäern und Amerikanern werden am Anfang in der Originalsprache geschrieben, später erscheinen sie in Katakana.

Schriftzeichen und Aussprache:
Zur Vermeidung von Aussprachefehlern sollte der Lernende die Aussprache aller neuen Wörter grundsätzlich vom Lehrer und/oder von der Audiokassette hören. Als zusätzliche Lernhilfe befindet sich auf der vorderen Umschlagsinnenseite eine Übersicht über die Hiragana-Zeichen und ihre Aussprache, auf der hinteren Umschlagsinnenseite befindet sich eine Übersicht der Katakana-Zeichen.

Personen, die in den Lektionen eine wichtige Rolle spielen:

Barbara Keller (バーバラ・ケラー)
Programmiererin bei einer Elektronikfirma. Sie hat gerade angefangen, bei Frau Ide Japanisch zu lernen, weil ihr Freund Otto Behrmann intensiv Japanisch gelernt und ihr Interesse geweckt hat.

Frau Ide (いで　せんせい)
VHS-Lehrerin für Japanisch

Frau Sano (さの　けいこ)
Angestellte bei einer europäischen Zweigstelle einer japanischen Firma

Otto Behrmann (オットー・ベアマン)
Ingenieur bei einer deutschen Automobilfirma. Er hat früher Japanisch gelernt, weil er mehr über seine Hobbys, Judo und Karate wissen wollte. Er möchte gern seine Japanischkenntnisse in die Praxis umsetzen.

Herr Ishii (いしい　たかお)
Fotograf für eine englische Zeitung in Japan. Er ist zur Zeit in Deutschland. Durch Frau Ide lernt er Otto Behrmann und Barbara Keller kennen.

Frau Sakai (さかい) **(ohne Bild!)**
Eine gute Bekannte von Frau Sano

Kai Thomas (カイ・トーマス) **(ohne Bild!)**
Mitschüler von Frau Keller im Japanisch-Kurs bei Frau Ide.

Inhaltsverzeichnis

Inhaltsverzeichnis

Lektion
一課
(いっか)

1 Sich selbst und andere vorstellen

Schritt 1

いでです。

(Mein Name) ist Ide.

Neue Zeichen

Hiragana:

い	Inge	す	ßu/Maß
て	Tennis	ず	Sudan/
で	denn		cheese (Englisch)

Neue Wörter

Hiragana: です *sein, (ich) bin, (du) bist* etc. (für alle Personen, Singular und Plural)

Erklärungen

1. です
unmittelbar nach einem Nomen entspricht den Gegenwartsformen von *sein* für alle Personen im Singular und Plural.

2. Das Verb
steht normalerweise am Ende des Satzes.

3. Satzteile,
wie das Subjekt oder Objekt, können im Japanischen weggelassen werden, wenn durch den Kontext klar ist, worauf sich die Aussage bezieht. Eine Äußerung gilt normalerweise für den Sprecher oder sein Gegenüber, ansonsten für die zuvor erwähnte oder durch eine Geste angedeutete Person.

Über Japan 日本 und Japanisch 日本語

Gewöhnlich wird bei japanischen Namen zuerst der Familienname und dann der Vorname genannt, z.B. der Filmregisseur "Kurosawa Akira", während bei ausländischen Namen die im Heimatland übliche Reihenfolge gilt. So wird also bei europäischen Namen in der Regel zuerst der Vorname, dann der Familienname genannt, und bei chinesischen und koreanischen Namen zuerst der Familienname und dann der Vorname.

Beispiel 1

Behrmann: Behrmannです。
(Mein Name) ist Behrmann./
Ich heiße Behrmann.

Übungen

1. Stellen Sie sich nun Ihren Mitlernenden vor!

Schritt 2

いでさんです。 *(Das ist) Frau Ide.*

Neue Zeichen

Hiragana:

さ	Pa**ss**ant	ん	A**n**nahme
ざ	**S**and		

Neue Wörter

Hiragana: さん *Herr, Frau, Fräulein*

Erklärungen

1. さん,
hinter den Vor- oder Nachnamen gestellt, kann *Herr, Frau* oder *Fräulein* bedeuten. Es kann nicht für die eigene Person verwendet werden oder für sich allein stehen. Im Allgemeinen gebraucht man auch unter Freunden さん, nur innerhalb eines sehr engen Freundeskreises oder in der Familie wird さん oft weggelassen. Auch die Namen berühmter Persönlichkeiten stehen oft ohne さん, wie z.B. Mozart statt Mozart さん.

Beispiel 2

(Auf das Bild von Goethe zeigend) Goethe です。
(Das) ist Goethe./(Er heißt) Goethe.

Beispiel 3

Müller: いでさん、いすずさんです。
Frau Ide, (das ist) Herr Isuzu./Frau Ide, ich möchte Ihnen Herrn Isuzu vorstellen.

Übungen

2. Wissen Sie, wer diese Personen sind?
Beispiel: *(Auf das Bild zeigend)* [Beatles] です。

a

b

c

d

e

3. Wissen Sie, wer diese Personen sind? Wenn Sie es nicht wissen, schlagen Sie auf Seite 5 nach.

a

b

4. Können Sie nun eine(n) Ihrer Mitlernenden vorstellen?
Beispiel: [Meyer] さんです。

5. Hören Sie die folgenden japanischen Namen auf der Kassette oder hören Sie zu, wie Ihr Lehrer diese ausspricht, und sprechen Sie sie dann nach!

a) いで b) いい c) いすず d) ささ e) ささい f) でん

6. Wer sagt welchen Satz? Tragen Sie die Sätze in die entsprechenden Sprechblasen ein!

1) *A*: いでさんです。
B: いでです。
C: いすずです。

2) *A*: でんさん、ささいさんです。
B: ささいです。
C: でんです。

Zusammenfassung

B です。	*(Ich) heiße B./ (Das) ist B.*
B さんです。	*(Das) ist Herr /Frau /Fräulein B.*

Schritt 3

いでさんは　せんせいです。 *Frau Ide ist Lehrerin.*

Neue Zeichen

Hiragana:
- は (als Themapartikel) — One, **wo**nderful (Englisch)
- は (ansonsten) — **Ha**nna
- せ — la**sse**n
- ぜ — **se**chs/**Ze**n
- せい — **Sei**ne (franz. Fluss) (langes せ)

Neue Wörter

Hiragana:
- は — Themapartikel (→Erklärung 2 und 3)
- せんせい — *Lehrer*
- はは — hier: *meine Mutter*

Erklärungen

1. せんせい
Das Wort せんせい wird nicht nur als Berufsbezeichnung für Lehrer verwendet, sondern auch anstelle von さん an Nachnamen angehängt, wenn es sich um Lehrer, Ärzte, Professoren, Erzieher, Klavierlehrer, Abgeordnete des Parlaments etc. handelt. さん wäre in diesen Fällen unhöflich. せんせい kann auch ohne einen vorangestellten Namen als Anrede verwendet werden.

2. Substantive
haben nur eine Form, die sowohl für den Singular als auch für den Plural gilt. せんせい kann also sowohl (ein) Lehrer bedeuten als auch (mehrere) Lehrer.

3. Partikel:
Die Form der Substantive ist im Japanischen unveränderlich. Grammatische Fälle und andere Funktionen werden durch Partikeln gekennzeichnet, die den jeweiligen Substantiven nachgestellt werden.

4. は
ist eine Themapartikel. Das Thema steht meist am Anfang des Satzes. A は B です bedeutet in etwa *Was A angeht, so handelt es sich um B.* Häufig entspricht der japanische Satz dem deutschen *A ist B*, aber nicht immer.

5. engineer *(Ingenieur)*, waiter *(Kellner)*, waitress *(Kellnerin)*, stewardess *(Stewardess)*, pilot *(Pilot)*, programmer *(Programmierer)*, journalist *(Journalist)*, pianist *(Klavierspieler)* ...
Wörter für moderne Begriffe werden häufig aus dem Englischen übernommen, dabei allerdings stark "japanisiert" ausgesprochen. Bitte achten Sie darauf, wie Ihr Lehrer diese Wörter ausspricht oder hören Sie sich die Aussprache auf der Kassette an!

Beispiel 4

Coco Chanel は　designer です。 *Coco Chanel ist Designer.*

Beispiel 5

Gabi さんは　stewardess です。 *Gabi ist Stewardess.*

Beispiel 6

ははは　programmer です。
Meine Mutter ist Programmiererin.

Beispiel 7

いすずさんは　せんせいです。
Herr Isuzu ist Lehrer.

Beispiel 8

(Zu Frau Ide)
せんせい、ははです。
Frau Ide, das ist meine Mutter.

7. Welchen der folgenden Berufe üb(t)en die unten genannten Personen aus?

Klara Schumann, Kenzo, Michael Schumacher, Mata Hari, Louis Armstrong, James Bond, Mohammed Ali, Anne-Sophie Mutter	boxer, designer, racer, engineer, (tour-)guide, jazz musician, pilot, violinist, pianist, fashion model, news caster, spy

Beispiel: [Klara Schumann] は　[pianist] です。

8. Schauen Sie sich die Bilder an und sagen Sie, welchen Beruf die Personen ausüben!

Beispiel: [Keller] さんは　[programmer] です。

a) Gabi

b) Helmut

c) Jochen

d) Becker

e) いで

Über Japan 日本 und Japanisch 日本語

Hiragana- und Katakana-Silbenschrift und Kanji-Schriftzeichen

Um einen japanischen Text zu schreiben, verwendet man drei verschiedene japanische Schriftzeichensysteme, die arabischen Zahlen und die lateinische Schrift.

Mit den Kanji-Schriftzeichen, die ursprünglich in China entwickelt wurden, schreibt man die japanischen Substantive sowie den Stamm der Verben, Adjektive und Adverbien.

Die je 46 Zeichen der Katakana- und der Hiragana-Silbenschriften wurden in Japan seit Ende des 8. Jahrhunderts aus den Kanji als vereinfachte Lautschrift entwickelt. Heute wird die Katakana-Silbenschrift hauptsächlich für westliche Fremdwörter verwendet, während mit den 46 Zeichen der Hiragana-Silbenschrift Partikeln, Endungen von Verben und Adjektiven, Konjunktionen o.ä. wiedergegeben werden. Es existieren zwar ca. 50.000 Kanji, jedoch benutzt kein Japaner so viele; in der japanischen Schule lernt man ca. 2.000 Kanji. Für den täglichen aktiven Gebrauch werden allerdings noch weniger verwendet.

Eine Erleichterung für alle, die Japanisch lernen: Alle japanischen Sätze können in der Hiragana-Silbenschrift wiedergegeben werden. In diesem Buch lernen Sie von Anfang an Hiragana und Katakana, aber nicht alle Silben auf einmal! Gleichzeitig lernen Sie einige Kanji, die für wichtige Wörter immer wieder verwendet werden. Das Wort "Japan" z.B. wird normalerweise in Kanji und das Wort "Deutschland" in Katakana wiedergegeben.

Schritt 4

Aは　日本です。 *A ist Japan./Bei A handelt es sich um Japan.*

Neue Zeichen

Katakana:	ド **Do**nner	イ **I**nge	ツ zu**r**ück
Kanji:	日本 **ni**cht+**Ho**lland+a**n** (Nihon) /**ni**cht + kurz Luft anhalten+**Po**st+a**n** (Nip-pon) Bedeutung der Zeichen 日本: *Japan.*		

Neue Wörter

Katakana: ドイツ　*Deutschland*

Erklärungen

1. A, B, C ...
werden im Japanischen ähnlich wie im Englischen ausgesprochen, dabei jedoch sehr stark "japanisiert".

Beispiel 9

Aは　日本です。 *A ist Japan./Bei A handelt es sich um Japan.*
Bは　ドイツです。 *B ist Deutschland./Bei B handelt es sich um Deutschland.*

A

B

Zusammenfassung

Aは　Bです。 *A ist B./ Bei A handelt es sich um B.*

Übungen

9. Hören Sie zu, wie Ihr Lehrer die Ländernamen ausspricht, oder hören Sie sie auf der Kassette und raten Sie, um welches Land es sich dabei handelt!

10. Sprechen Sie die folgenden Ländernamen auf Japanisch nach!

【日本, ドイツ, America, Canada, Mexico, Spain, France, Austria, Swiss, Olanda, New Zealand, Australia ...】

11. Um welche Staaten handelt es sich bei A, B, C, D usw. im Weltatlas?
Beispiel: Aは　日本です。

Dialog 1

Herr Behrmann stellt Frau Ide und Frau Keller vor.

Behrmann : *(zu Frau Ide)* せんせい、
Keller さんです。

Keller : *(zu Frau Ide)* Keller です。

いで : *(zu Frau Keller)* いでです。

Behrmann : *(zu Frau Ide)* Keller さんは
Programmer です。

Lektion
二課
(にか)

2 Nationalitäten erfragen

Schritt 1

こんばんは。いでです。 *Guten Abend! (Mein Name) ist Ide.*

Neue Zeichen

Hiragana:	ば	**Ba**llet	こ	**Ko**st
	ぱ	**Pa**nne	ご	**Go**ld
Katakana:	ス	**ßu**/Ma**ß**	イ	**I**nge
Kanji:	人	**Gin** (Englisch) : *Mensch* Das Zeichen wird in Verbindung mit einem anderen Wort, z. B. Ländernamen augesprochen wie das Getränk "Gin".		

Neue Wörter

Hiragana:	こんばんは	*Guten Abend!*
Kanji:	日本人	*Japaner*
Katakana+Kanji:	ドイツ人	*Deutscher*
	スイス人	*Schweizer*
		スイス: *die Schweiz* (←the Swiss Confederation, Englisch)

Beispiel 1

Behrmann: こんばんは。 Behrmann です。ドイツ人です。
Guten Abend! Mein Name ist Behrmann. Ich bin Deutscher.

Fontane: こんばんは。 Fontane です。 スイス人です。
Guten Abend! Ich heiße Fontane. Ich bin Schweizer.

いで: こんばんは。いでです。日本人です。
Guten Abend! Mein Name ist Ide. Ich bin Japanerin.

Übungen

1. Nun stellen Sie sich nochmals mit Ihrem Vor- und Nachnamen vor und sagen Sie dazu, welche Staatsangehörigkeit Sie haben!

A: こんばんは、 [Ulrike Karlhofer] です。ドイツ人です。
B: こんばんは、 [Mark Tielmann] です。スイス人です。 usw.

Schritt 2

いでさんですか。 *Sind (Sie) Frau Ide?*

Neue Zeichen

Hiragana:	え	**E**ssen/**Ä**gypten	いい	in いいえ	**I**gel (langes い)
	か	**Ka**nne	が		**Ga**sse: が wird, außer am Wortanfang, häufig leicht nasaliert ausgesprochen.
Katakana:	カ	**Ka**nne			

Neue Wörter

Hiragana: か Fragepartikel (→ Erklärung 1)
はい *ja*
いいえ *nein*
Katakana: カイ *Kai* (deutscher Vorname)

Erklärungen

1. 〜か
Die Fragepartikel か am Ende eines Satzes macht einen Aussagesatz zu einem Fragesatz. Die Stimme wird am Satzende bei der Fragepartikel か (nicht vorher) leicht gehoben. Achten Sie darauf, mit welcher Satzmelodie Ihr Lehrer den Fragesatz ausspricht!

Beispiel 2

Behrmann: *(zu Herrn Baba)*
ばばさんですか。 *Sind Sie Herr Baba?*
ばば : はい、ばばです。 *Ja, (mein Name) ist Baba./Ich heiße Baba.*

Beispiel 3

Kaiser : こんばんは。いでさんですか。
Guten Abend! Sind Sie Frau Ide?
さかい : いいえ、さかいです。 *Nein, ich heiße Sakai.*

Zusammenfassung

B ですか。 *Ist (das) B?*
はい。/ いいえ。 *Ja./Nein.*
/Handelt es sich um B?

Übungen

2. Haben Sie die Namen aller Kursteilnehmer im Kopf? Fragen Sie andere Kursteilnehmer, ob der Name, den Sie sich gemerkt haben, zutrifft!
A: [カイ] さんですか。
B: はい、[カイ] です。/いいえ、[Hermann] です。

Schritt 3

Max Planck は　ドイツ人ですか。

Ist Max Planck Deutscher?

Beispiel 4

A: Brecht は　ドイツ人ですか。　*Ist Brecht Deutscher?*
B: はい、ドイツ人です。　*Ja, er ist Deutscher.*

Beispiel 5

A: Wilhelm Tell は　Austria 人ですか。　*Ist Wilhelm Tell Österreicher?*
B:いいえ、スイス人です。　*Nein, er ist Schweizer.*

Beispiel 6

(In Abwesenheit von Herrn Behrmann)
A: Behrmann さんは ドイツ人ですか。　*Ist Herr Behrman Deutscher?*
B: はい、ドイツ人です。　*Ja, er ist Deutscher.*

Zusammenfassung

A は　B ですか。	*Ist A B?/ Handelt es sich bei A um B?*
はい、B です。	*Ja, (A) ist B./(Es handelt sich) um B.*
/いいえ、C です。	*/Nein, (A) ist C./(Es handelt sich) um C.*

Übungen

3. Antworten Sie mit はい oder いいえ!
A: Robert Koch は　ドイツ人ですか。
B: はい、ドイツ人です。/いいえ、［　　　］人です。
(a) Kafka は　スイス人ですか。
(b) Max Liebermann は　ドイツ人ですか。
(c) Karl Marx は　ドイツ人ですか。
(d) Karajan は　スイス人ですか。
(e) Sigmund Freud は　ドイツ人ですか。
(f) Zeppelin は　ドイツ人ですか。

4. Betrachten Sie die Weltkarte auf Seite 14, nennen Sie eine berühmte Person und sagen Sie, aus welchem Land sie kommt!
Beispiel: ［Wilhelm Grimm］は　［ドイツ人］です。

Schritt 4

カイさんは　ドイツの　かたですか。

Sind Sie Deutscher, (Herr) Kai?

Neue Zeichen

Hiragana:

の **No**nne	た **Ta**nne	だ **da**nn

Neue Wörter

Hiragana: の　Partikel: *aus, von* (→ Erklärung 1)
かた　höfliches Wort für *Person, Mensch*; gehobene Sprache (→ Erklärung 2); かた kann nicht alleine stehen, sondern muss näher bestimmt werden.

Erklärungen

1. 〜の
Die Partikel の entspricht hier etwa *von* oder *aus*, wird aber, anders als im Deutschen, dem Substantiv nachgestellt.

2. 〜の　かた
Das vor の stehende Wort bestimmt das dahinter stehende Wort näher; z.B. Berlin の　かた *(aus Berlin stammende Person/Berliner)*, 日本の　かた *(Japaner)* usw. (s.o. Neue Wörter).

3. ドイツの　かた und ドイツ人
かた ist ein höflicher Ausdruck für *eine Person, ein Mensch*, den man nur für einen anderen und nicht für sich selbst und seine Angehörigen verwendet. Dagegen verwendet man 〜人 in Verbindung mit einem Ländernamen, z.B. 日本人 oder ドイツ人 für sich selbst oder wenn man über ein bestimmtes Volk im Allgemeinen spricht *(die Japaner)*. 〜人 ist normalerweise nur mit Länder- und Volksgruppennamen zu verwenden, während かた mit fast allen Länder-, Orts- oder Firmennamen stehen kann.

4. Hamburg です (→ Beispiel 9)
Wenn die Antwort auf fast der gleichen Struktur wie die Frage basiert, können die schon bekannten Satzteile weggelassen und es kann nur mit der neu hinzukommenden Information und です geantwortet werden.

5. 〜さん
Anstelle von Pronomina wie *Sie* oder auch *er, sie* und *es* benutzt man im Japanischen meistens den Namen der Person plus さん und spricht sie so an.

Beispiel 7

(zu einem Unbekannten)

A: ドイツの　かたですか。
Sind Sie Deutscher?/Kommen Sie aus Deutschland?

B: はい、ドイツ人です。 *Ja, ich bin Deutscher.*

Beispiel 8

A: こんばんは。日本の　かたですか。
Guten Abend! Sind Sie Japaner?/Kommen Sie aus Japan?

B: はい、日本人です。 *Ja, ich bin Japaner.*

Beispiel 9

(zu Herrn Thomas)
いで: Thomas さんは Berlin の かたですか。
Sind Sie Berliner, Herr Thomas?

Thomas: いいえ、Hamburg です。
Nein, (Meine Heimat) ist Hamburg./Ich komme aus Hamburg.

Beispiel 10

A: Konrad さんは ドイツの かたですか。
Sind Sie Deutsche, Frau Konrad?

B: いいえ、スイスです。/スイス人です。
Nein, (ich komme aus der) Schweiz./Ich bin Schweizerin.

Übungen

5. Suchen Sie unten die bislang gelernten Hiragana て, で, す, ず, か, が, さ, ざ, ん, は, ば, い, え, の, た, だ! Wie viele で finden Sie? Und wie viele す usw?

Beispiel : て ___5___

え____	い____	か____	さ____	た____
は____	す____	で____	の____	ん____
が____	ざ____	だ____	ば____	ず____

ばえかでいはさだ
すんのずかえいは
てんでたのかすん
のかすでたえがて
ささずたんてすん
ただいざさいばい
ていいのてかです

6. Lesen Sie zuerst die folgenden Sätze und stellen Sie sich dann gegenseitig Fragen mit "〜ですか"!

(a) Friedrich Dürrenmatt は スイス人です。
(b) Rilke は ドイツ人です。
(c) いでさんは 日本人です。
(d) かがさんは Düsseldorf の かたです。
(e) カイさんは Hamburg の かたです。

7. Fragen Sie Ihre Mitlernenden und Ihren Lehrer, woher sie (ursprünglich) kommen!

A: [Wickert] さんは [Mainz] の かたですか。
B: はい/いいえ、[ ] です。

8. Hören Sie zunächst zu, wie Ihr Lehrer folgende japanische Namen ausspricht, und sprechen Sie sie dann nach!

いで こいで こが こすが こさか かすが すが
かい いいだ たかい さかい さかた はた たかだ
さだ ささ はすだ ばば ばん でん だん

9. Alle Kursteilnehmer wählen aus der Liste bei 8. jeweils einen Namen für sich aus. Sie fragen sich gegenseitig, ob sie いで, こいで, こが usw. heißen!

A: こんばんは。［さかい］です。
［たかだ］さんですか。
B: いいえ、［かすが］です。

Dialog 2

Herr Behrmann und Frau Sano sprechen miteinander. Dazu kommt Herr Thomas.

Behrmann : *(zu Herrn Thomas)* こんばんは。
Thomas : こんばんは。
Behrmann : Thomas さん、さのさんです。
さの : さのです。こんばんは。
Thomas : こんばんは。Thomas です。
さの : Thomas さんは　ドイツの　かた ですか。
Thomas : はい、ドイツ人です。

Lektion
三課
(さんか)

3 Namen und Zugehörigkeit erfragen

Schritt 1

さのじゃないです。 *Ich heiße nicht Sano.*

Neue Zeichen

Hiragana:

し	**Schiff** (weicher)	や	**Ya**cht
じ	**Ji**m (englischer Name)	な	**Na**tur
しゃ	**Scha**tz	め	**Me**nsch
じゃ	Py**ja**ma		

Neue Wörter

Hiragana: じゃないです — ist die Verneinungsform von です in der Umgangssprache(→Erklärung).
かいしゃ — *Firma*
　かいしゃいん — *Firmenangestellte(r)*
いしゃ — *Arzt*
め — *Auge*
　めいしゃ — *Augenarzt*
は — *Zahn*
　はいしゃ — *Zahnarzt*

Erklärungen

1.～じゃないです
ist eine Kurzform von ～ではないです. In der Umgangssprache wird sehr häufig ～じゃないです als Verneinungsform von ～です verwendet.
Müller ではないです。 → Müller じゃないです。

Beispiel 1

A: さのさんですか。 *Sind Sie Frau Sano?*
B: さのじゃないです。やのです。
Nein, ich bin nicht Frau Sano, (sondern) Yano.

Beispiel 2

A: Kafka は スイス人ですか。
Ist Kafka Schweizer?
B:いいえ、スイス人じゃないです。
Nein, er ist kein Schweizer.

Beispiel 3

さの: *(zu Frau Ide)* かさいさんは かいしゃいんですか。
Ist Frau Kasai Firmenangestellte?
いで: いいえ、かいしゃいんではないです。いしゃです。
Nein, sie ist keine Firmenangestellte. (Sie ist) Ärztin.

Lektion 3
三課
(さんか)

Übungen

1. Deutsche Namen sind für Japaner nicht leicht zu verstehen. Korrigieren Sie die Missverständnisse!
Beispiel: Lenger- Renger

A: [Lenger] さんですか。
B: [Lenger] じゃないです。 [Renger] です。

1) Schmidt - Schmied
2) Andrea - Andreas
3) Wolfgang - Wolfram
4) Altenburg - Altenberg
5) Stephan - Steffen
6) Michael - Michaela
7) Müller - Möller

2. Diskutieren Sie, welche Staatsangehörigkeit die unten genannten Personen tatsächlich haben!

A: [Albert Einstein] は　スイス人です。
B: スイス人じゃないです。ドイツ人です。
C: ドイツ人じゃないです。　[　　　　] 人です。usw.

1) Albert Einstein (スイス?)
2) Toshiro Mifune (France?)
3) Maria Theresia (スイス?)
4) Robert DeNiro (Italia ?)
5) Herbert von Karajan (ドイツ?)
6) Franz Kafka (ドイツ?)

Schritt 2

さのさんは　Sony の　かたですか。

Sind Sie von der Firma Sony, Frau Sano?

Hiragana: | ま　Mann |

Hiragana: はじめまして (Förmlicher Gruß beim Kennenlernen)
Angenehm!/Sehr erfreut!

Erklärungen

1. の
entspricht hier in etwa *von.* の ist eine Partikel, mit der man auch die Zugehörigkeit von Menschen und Gegenständen ausdrücken kann. "Sony の かた" bedeutet *Angestellte(r) der Firma Sony* und "Bosch の engineer" *Ingenieur bei Bosch.* So bedeutet "Sony の　さのです" ungefähr *Ich bin Sano, von der Firma Sony* (vgl. の für Herkunftsangaben in Lektion 2).

Beispiel 4

さの　:さのです。はじめまして。
Ich heiße Sano. Ich freue mich, Sie kennen zu lernen.

いしい:はじめまして。いしいです。
Guten Tag! Ich heiße Ishii.

Beispiel 5

A: Sony の　かたですか。 *Sind Sie (jemand) von der Firma Sony?*
B: はい, Sony です。/ いいえ、 Siemens です。
Ja, ich bin (Angestellter) bei Sony./Nein, ich bin (Angestellter) bei Siemens.

Beispiel 6

A: Sony の　かたですか。*Sind Sie (jemand) von der Firma Sony?*
B: はい。 Sony の　さのです。
Ja. (Ich heiße) Sano von der Firma Sony.

Zusammenfassung
A の B

B, der aus dem Ort A kommt:	**日本の　かた**	*(Japaner)*
	日本の　かいしゃ	*(eine japanische Firma)*
B, der (zu) A gehört:	Sony の　さの	*(Sano von der Firma Sony)*
	Sony の　かた	*(Angestellter der Firma Sony)*

Übungen

3. Nun geben Sie Ihren Mitlernenden mehr Informationen über sich selbst! Bei welcher Firma oder Institution arbeiten Sie? Falls Sie nicht bei einer Firma oder Institution arbeiten, sagen Sie, wo Sie wohnen!
Beispiel: はじめまして。 [Kaufhof] の　[Schmidt] です。
/ [Kreuzberg] の　[Kaiser] です。

4. Beantworten Sie die Frage mit "ja" und geben Sie noch an, wie Sie heißen!
A: [Lufthansa] の　かたですか。
B: はい、 [Lufthansa] の　[Wichter] です。
a) BMW の　かたですか。(Brettel)
b) Bosch の　かたですか。(Winkelhaus)
c) Hitachi の　かたですか。(たなか)
d) Nissan の　かたですか。(いいだ)

5. Stellen Sie sich zuerst mit Namen vor, beantworten Sie dann dieselbe Frage (s. Nr.4) mit "nein" und geben Sie eine Konkurrenzfirma als Ihre Firma an!
A: さかいです。
B: ［Lufthansa］ の　かたですか。
A: いいえ、　［JAL］ です。

6. Betrachten Sie die Bilder unten und sagen Sie, wie die folgenden Personen sich auf Japanisch vorstellen würden!
A: はじめまして。　［Lufthansa］ の　［Schäfer］ です。　［pilot］ です。
B: はじめまして　［Sony］ の　［さの］ です。　［engineer］ です。

a　いしい　　b　いで　　c　Keller

Beispiel 7

A: Panasonic は　ドイツの　かいしゃですか。
Ist Panasonic eine deutsche Firma?

B: いいえ、ドイツじゃないです。日本です。
Nein, es ist keine deutsche (Firma). Es ist eine japanische (Firma).
／いいえ、日本の　かいしゃです。
/ Nein. Es ist eine japanische Firma.

Übungen

7. Stellen Sie sich gegenseitig Fragen über die Zugehörigkeit oder Herkunft der unten genannten bekannten Firmen und antworten Sie!
A: ［Benz］ は　［スイス］ の　かいしゃですか。
B: はい、　［スイス］ の　かいしゃです。
／いいえ、　［ドイツ］ の　かいしゃです。

a) Benz／スイス
b) Apple／日本
c) BMW／ドイツ
d) Renault／スイス
e) YAMAHA／日本
f) Philips／ドイツ
g) Nintendo／Hong Kong
h) Rolex／Austria
i) Du Pont／スイス
j) IBM／Italia
k) Canon／日本
l) YKK／America

Schritt 3

すみません、おなまえは…。

Entschuldigung, (wie lautet) Ihr Name bitte?

Neue Zeichen

Hiragana:	み	**Mi**ttwoch	と	**to**ll
	お	**O**nkel	ど	**Do**nner
Kanji:	屋	や (**Ya**cht) : *Laden*		

Neue Wörter

Hiragana: すみません *Entschuldigen Sie, bitte! (Darf ich Sie etwas fragen/kurz stören?)/Es tut mir Leid.* Bei すみません wird み in der Umgangssprache wie い (d.h. als すいません) ausgesprochen.

お Höflichkeitspräfix/Vorsilbe (→Erklärung 1)
なまえ *Name* おなまえ: *(Ihr) Name*
しごと *Beruf, Arbeit* おしごと: *(Ihr) Beruf, (Ihre) Arbeit*
さかな *Fisch*
はな *Blume*

Hiragana + Kanji:
さかな屋 *Fischgeschäft, Inhaber eines Fischgeschäfts*
はな屋 *Blumenladen, Blumenhändler*

Erklärungen

1. お〜

Um dem Gesprächspartner oder auch einer dritten Person gegenüber höflich zu sein, verwendet man oft die Vorsilbe お, z.B. vor den Substantiven, die sich auf diese Personen beziehen (d.h. nicht für sich selbst). Das Höflichkeitspräfix お ist in der Regel bei Fremdwörtern nicht verwendbar.
おなまえ ist also die höfliche Form von *Name.*

2. おなまえは…。

(→Beispiel 8) Ein Satz ohne Verb, der auf die Themapartikel は endet, stellt eine verkürzte Frage dar. Was dabei tatsächlich gefragt wird, lässt sich aus dem Zusammenhang schließen. Anders als bei einem normalen Fragesatz wird hier am Satzende die Stimme nicht gehoben, damit es nicht zu direkt bzw. zu unhöflich klingt.
Außerdem verwendet der Sprecher das Höflichkeitspfäfix お und vermeidet somit die direkte Anrede mit "Sie" bzw. "Ihr Name", die im Japanischen als zu direkt bzw. unhöflich empfunden wird.
おなまえは…。 bedeutet also *Wie lautet Ihr Name?* und おしごとは…。 *Was sind Sie von Beruf?*

Erklärungen

3. おいしゃさん

Hinter der Berufsbezeichnung von Ärzten wird in der Umgangssprache oft さん verwendet, wenn es sich nicht um den Beruf des Sprechers oder eines Familienmitglieds handelt. Der Ausdruck klingt höflicher als ohne お und さん. Für Augenärzte und Zahnärzte verwendet man jedoch kein お: sie heißen めいしゃさん und はいしゃさん.

4. ～屋 (～や)

屋 lässt sich an verschiedene Wörter anhängen und bedeutet *Laden*, *Restaurant* oder auch *dessen Besitzer*. In der Umgangssprache wird bei der Bedeutung *Besitzer* oft さん an diese Wörter angehängt, z.B. さかな屋さん.

Beispiel 8

A: すみません、おなまえは…。
Entschuldigung, (wie lautet) Ihr Name (bitte)?

B: やまだです。 *Ich heiße Yamada.*

A: すみません、おしごとは…。
Entschuldigung, und (was ist) Ihr Beruf (bitte)?

B: はな屋です。 *Ich bin Blumenhändler.*

Beispiel 9

ぱぱ :いしいさん、たなかさんです。
Herr Ishii, das ist Frau Tanaka.

たなか:たなかです。はじめまして。
Ich heiße Tanaka. Ich freue mich, Sie kennen zu lernen!

いしい:はじめまして。いしいです。
Guten Tag! Ich heiße Ishii.

ぱぱ :たなかさんは、おいしゃさんです。
Frau Tanaka ist Ärztin.

Übungen

8. Nun stellen Sie sich nochmals Ihren Mitlernenden vor, dieses Mal aber mit はじめまして, also förmlicher als bei Schritt 1 von Lektion 1! Ihr Übungspartner wählt für Sie einen Beruf aus der Liste aus und stellt Sie mit diesem Beruf vor.

A: はじめまして。 [Schäfer] です。
B: [Schäfer] さんは かいしゃいんです。
C: はじめまして。 [Bauer] です。
B: [Bauer] さんは せんせいです。usw.

いしゃ	かいしゃいん
めいしゃ	はいしゃ
はな屋	さかな屋
せんせい	

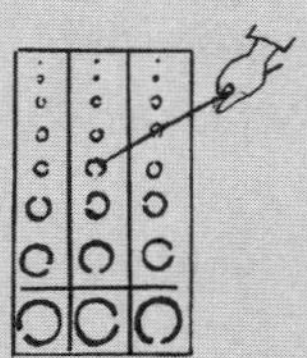

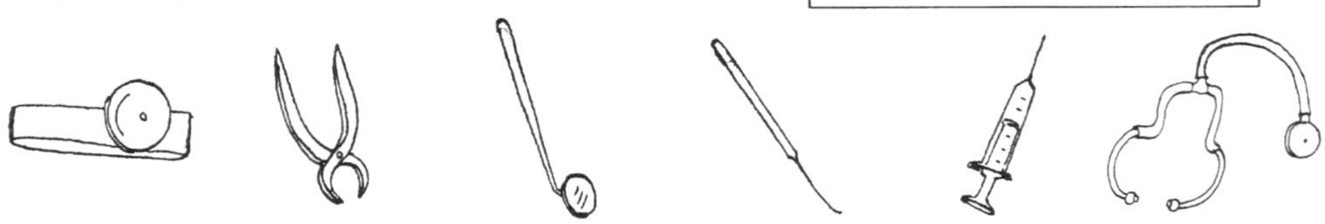

9. Sagen Sie, welchen Beruf die abgebildeten Personen ausüben!

Beispiel: [ながの] さんは　[かいしゃいん] じゃないです。
　　　　[さかな屋] さんです。

10. Ihr Lehrer wählt aus der nachstehenden Liste einen Namen für Sie aus. Jetzt sind Sie die Person mit diesem Namen. Gehen Sie durch die Klasse und suchen Sie denjenigen, der den anderen Namen in derselben Zeile hat und stellen Sie sich gegenseitig vor! Beginnen Sie mit はじめまして!

A: はじめまして。 [いい] です。
　すみません、おなまえは…。
B: [たかい] です。はじめまして。
C: [Rikoh] の　かたですか。
B: いいえ、　[JR] です。
　/いいえ、 [JR] の　たかいです。

a) さかい/Rikoh
b) やすだ/NEC
c) さの/Sony
d) いしい/Tokyo Evening News
e) いい/Nissan
f) のさか/NTT *1
g) たかい/JR *2
　　*1 Nihon Telephon Telegram
　　*2 Japan Railways Group

h) Keller/Siemens Berlin
i) Becker/Tokyo Academy
j) Schneider/Zeiss
k) Becker/Süddeutsche Rundschau
l) Schneider/Volkswagen
m) Bauer/Schimmel
n) Schäfer/UNICEF

11. Sagen Sie auf Japanisch, bei welcher Firma bzw. Organisation die folgenden Personen arbeiten und welche Berufe sie ausüben!

Beispiel: [Schäfer] さんは　[UNICEF] の　[おいしゃさん] です。

【Herr Schäfer/Arzt/UNICEF, Minami/Ingenieur/Sony, Frau Kuster/Augenarzt/UNICEF, Frau Smith/Programmierer/Microsoft, Herr Bauer/Zahnarzt/UNICEF】

Schritt 4

では、また。 *Also dann, auf Wiedersehen!*

では/じゃ　*nun, bis dann, also dann* (beim Abschied). では ist förmlicher als じゃ (*tschüs*)(→L3 Schritt 1).

また　*wieder*, hier etwa: *Auf Wiedersehen!* oder *Wir sehen uns wieder.*

Beispiel 10

Behrmann : では　また。
Auf Wiedersehen!/Ich verabschiede mich.

みなみ　: じゃ　また。*Also dann, bis bald!*

さの　: じゃ。*Tschüs!*

「では　また」　「じゃまた」　「じゃ」

Übungen

12. In dem Kasten rechts sind die links aufgeführten Redewendungen versteckt, und zwar entweder in der Schreibweise von rechts nach links oder von oben nach unten. Entdecken Sie sie!

こんばんは　(　　)
はじめまして　(　　)
すみません　(　　)
では　また　(　　)
じゃ　(　　)

こ	ん	ば	ん	は	す	え	ま
ん	は	だ	れ	い	え	だ	す
ば	じ	れ	い	し	ま	す	み
ん	め	い	し	ま	な	は	ま
は	ま	こ	ん	ば	ん	じ	せ
い	し	で	は	ま	た	め	ん
し	て	で	は	ま	た	ま	ま
ま	す	は	じ	で	は	し	た
す	み	ま	せ	ん	じ	て	じ
で	は	ま	た	め	ご	じ	ゃ

Dialog 3

(Auf einer Party)

Keller : こんばんは。
さの かなこ : こんばんは。
Keller: Sony の　かたですか。
さの かなこ : はい。
Keller : Siemens の　Keller です。
すみません、おなまえは....
さの かなこ : さのです。はじめまして。

***

さの かなこ : Keller さん、ははです。
Keller : はじめまして。Keller です。
さの しずこ : はじめまして。
おなまえは...　Heller さんですか。
Keller : いいえ、　Keller です。

***

さの しずこ : では、また。
Keller : では、また。
Thomas : じゃ、また。
さの かなこ : じゃ。

Lektion
四課
(よんか)

4 Gegenstände benennen

Schritt 1

これは　何ですか。 *Was ist das hier?*

Neue Zeichen

Hiragana:	そ	Hasso (ß+o)	れ	Lektion (vgl. Hiraganatabelle)
	ぞ	sollen	ゆ	Yucatan (Halbinsel in Mexico)
Kanji:	何		なん : *was*	

Neue Wörter

Hiragana:
- これ — *das hier*
- それ — *das da*
- (お) はし — *Essstäbchen*
- (お) すし — *Sushi*
- ゆかた — *Sommer-Kimono aus Baumwolle*

Erklärungen

1. (お) はし/ (お) すし

In der Umgangssprache verwendet man häufig das Präfix お mit manchen kurzen japanischen Nomen wie はし, すし usw. Dadurch erhält der Satz einen höflichen Ton.
Dagegen ist お in おなまえ (Ihr/sein Name;→ Lektion 3) direkt auf den Gesprächspartner oder Personen im Gespräch bezogen; man erweist dadurch diesen Personen Respekt.

2. これは　何ですか。

Anders als die deutschen Fragewörter müssen die japanischen Entsprechungen, wie hier 何, nicht immer am Anfang des Satzes stehen.

Beispiel 1

これは　おはしです。
Das hier sind Essstäbchen.

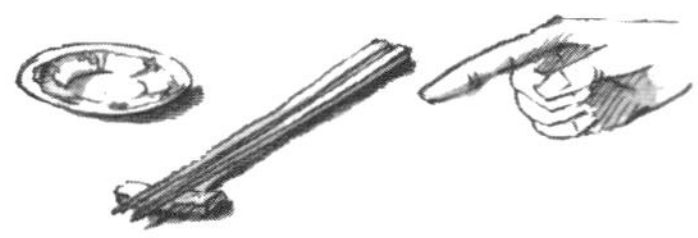

Beispiel 2

A: これは　何ですか。 — *Was ist das hier?*
B: 日本の　おすしです。 — *(Das) sind japanische Sushi.*

Beispiel 3

A: それは　何ですか。 — *Was ist das da?*
B: これですか。 — *Dieses hier?*
A: はい、それです。 — *Ja, das da meine ich.*
B: これは　ゆかたです。 — *Das ist ein Yukata.*

Übungen

1. Fragen Sie Ihren Übungspartner, worum es sich bei den Bildern unten handelt! Wenn er es nicht weiß, fragen Sie Ihren Lehrer!

Beispiel: *A*: これは　何ですか。

B: それは [　　　　　] です。

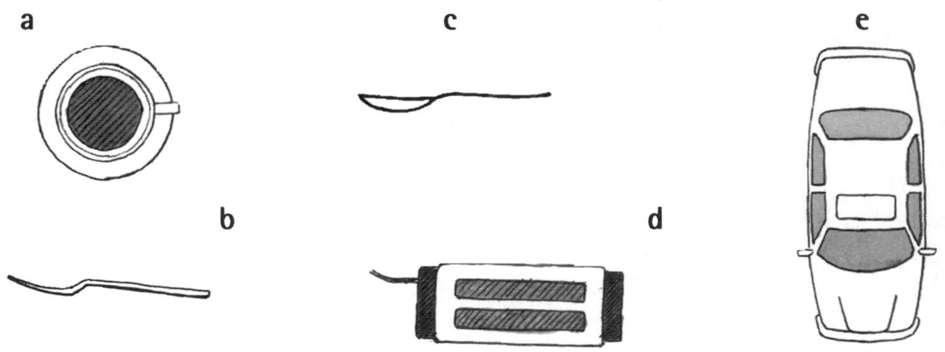

Schritt 2

「はい」は　ドイツ語で　「ja」です。

"はい" heißt auf Deutsch "ja".

Neue Zeichen

Hiragana:	つ	**zu**rück	う	**U**niform	ち	**chi**cken (Englisch)
	く	**Ku**lisse	ぐ	**Gu**atemala		
Kanji:	語	ご (nasal): *Sprache*				
	英	langes え (**Ä**hre/**E**he) : *England*				

Neue Wörter

Hiragana:	ごはん	hier: *gekochter Reis*, sonst auch *Mahlzeit*
	で	*auf, in (Sprache etc.)*
	つくえ	*Tisch*
	いす	*Stuhl*
	うち	*Haus*
Kanji:	語	語 bedeutet *Sprache*, wird jedoch nicht eigenständig, sondern nur in Verbindung mit einem Landes- bzw. Volksnamen verwendet.
	日本語	*Japanisch* (Sprache)
	英語	*Englisch* (Sprache)
Katakana + Kanji:		
	ドイツ語	*Deutsch* (Sprache)

Erklärungen

1. 〜で

で ist eine Partikel, mit der das Mittel, die Methode oder das Werkzeug bezeichnet wird. Auch Sprachen als Kommunikationsmittel werden mit で verbunden. 日本語で bedeutet somit *auf Japanisch*, und ドイツ語で *auf Deutsch.*

Lektion 4
四課
(よんか)

Beispiel 4

A:「ごはん」は　何ですか。 *Was ist/heißt ごはん?*

*B:*ドイツ語で「gekochter Reis」です。
(Es) heißt auf Deutsch "gekochter Reis".

Beispiel 5

A:「では また」は ドイツ語で 「Auf Wiedersehen」 です。
では また *heißt auf Deutsch "Auf Wiedersehen".*

B: 英語で「I'll see you」です。*Auf Englisch heißt (es) "I'll see you".*

Beispiel 6

A:「Haus」は　日本語で　何ですか。
Wie heißt "Haus" auf Japanisch?

B:「うち」です。 *(Es) heißt* うち.

Übungen

2. Sagen Sie, wie die unten gezeichneten Gegenstände auf Japanisch heißen! Wenn Sie nicht sicher sind, fragen Sie Ihren Lehrer!

A:「Orangensaft」は　日本語で　何ですか。

B:「orange juice」です。

3. Was sind Sie von Beruf? Was ist Ihr Hobby? Fragen Sie Ihren Lehrer, wie Ihr Beruf und Hobby auf Japanisch bzw. Englisch heißt!

Beispiel:　「Hausfrau」は　日本語/英語で　何ですか。

Schritt 3

まえは　かいしゃいんでした。

Früher war (ich) Firmenangestellter.

Neue Zeichen

Hiragana:	も　**Motto**	
Kanji:	大　おお/だい: *groß* (おお wird als <u>ein</u> langer Vokal gesprochen, also wie おう)	学　がく: *lernen, Schule*

Neue Wörter

Hiragana:

まえ	*vorne, früher*
いま	*jetzt, heute, zur Zeit*
でした	Vergangenheitsform von です
学せい	*Student*
せいと	*Schüler, Kursteilnehmer*
大学	*Universität, Hochschule*

しみん大学	*Volkshochschule*
でも	*aber* (Konjunktion, umgangssprachlich)
おんがく	*Musik*
おんがく大学	(Abk. おん大): *Musikhochschule*
まだ	*noch*

Erklärungen

1. しみん大学の　せいと/日本の　大学の　学せい

Die Partikel の bezieht sich auf den Ort / die Universität, wo der Student studiert oder der Schüler lernt (siehe の in Lektion 3). 日本の　大学の　学せい bedeutet *Student an einer Universität in Japan/an einer japanischen Universität*, おんがく大学の　学せい bedeutet *Student an einer Musikhochschule.*

2. まえは〜いまは〜

Mit der Partikel は werden die Zeiten kontrastiert : früher 〜, aber heute 〜.

3. 学せいさん/せいとさん

Auch das Wort　学せい　wird in der Umgangssprache oft mit さん verwendet, wenn es sich nicht um den Sprecher selbst handelt. Auch せいと wird mit さん verwendet, aber nur wenn es sich nicht um Kursteilnehmer der Pflichtschulen, sondern Sprachschulen, Ikebanaschulen, Fahrschulen, Volkshochschulen u.ä. handelt.

Beispiel 7

A: ばんさんは　かいしゃいんですか。
Ist Herr Ban Firmenangestellter?

B: いいえ、せんせいです。でも　まえは　かいしゃいんでした。 *Nein, er ist Lehrer. Aber er war früher Firmenangestellter.*

Beispiel 8

A: 学せいさんですか。 *Sind Sie Student?*

B: はい、いまは　Hamburg 大学の　学せいです。
Ja, jetzt bin ich Student an der Universität Hamburg.
でも まえは 日本の 大学の 学せいでした。
Aber früher war ich Student an einer japanischen Universität.

Beispiel 9

A: おしごとは　（何ですか）。 *Was ist Ihr Beruf?*

B: まだ　おん大の　学せいです。
Ich bin noch Student an einer Musikhochschule.

Beispiel 10

A: 学せいさんですか。 *Sind Sie Student?*

B: いいえ。しみん大学の　せいとです。
Nein. Ich bin Schüler/Kursteilnehmer an der Volkshochschule.

Übungen

4. Was sagen die Personen in den folgenden Bildern? Schreiben Sie die folgenden Satzpaare auf Japanisch!

1. A: Entschuldigung!
Sind Sie Japaner?
B: Ja, ich bin Japaner.

2. A: Auf Wiedersehen!
B: Bis bald!

3. A: Ich freue mich,
Sie kennen zu lernen.
B: Angenehm!

4. A: Guten Abend!
B: Guten Abend!

a

b

c

d

5. Wählen Sie zwei Berufe zu jedem Namen, den einen für den ehemaligen, den anderen für den jetzigen Beruf!

Beispiel: [いいの] さんは [せんせい] でした。
でも いまは [かいしゃいん] です。

	まえ	いま
いいの	せんせい	→かいしゃいん
たなか	かいしゃいん	→はな屋さん
やまだ	さかな屋さん	→かいしゃいん
おかだ	かいしゃいん	→せんせい
おおた	学せい	→おいしゃさん

Dialog 4

(Auf einer Party)

いで　: Behrmann さん、 Tokyo Evening News の
いしいさんです。
いしい　:はじめまして。いしいです。
Behrmann: Behrmann です。はじめまして。
いしい　: Behrmann さんは　Berlin の　かたですか。
Behrmann: はい、 Berlin です。

***

Keller　:すみません。おなまえは。
さかい　:さかいです。はじめまして。
Keller　:はじめまして。 Keller です。
さかいさんは　学せいさんですか。
さかい　:いいえ。まえは　おん大の
学せいでした。でも　いまは
ＪＡＬの　stewardess です。

***

Keller:　…すみません。これは　何ですか。
さかい:　それは　おすしです。

Lektion
五課
（ごか）

5 Über Freizeit und Hobby sprechen

Schritt 1

スポーツを　しますか。 *Treiben Sie Sport?*

Neue Zeichen

Hiragana:	を	Onkel (also wie お)	ら	Lamm	
	えい	langes え (Ähre/Ehe) (vgl. 英 in L4).			
Katakana:	ホ	Holland	ボ	Bonn	ポ Post
	ー	Zeichen für die Verlängerung des vorangehenden Vokals in Katakana und Hiragana.			

Neue Wörter

Hiragana: を　Objektpartikel, die das direkte Objekt der Handlung (in vielen Fällen deutsches Akkusativobjekt "was" oder "wen") anzeigt.
からて　*Karate*
とざん　*Bergsteigen*
すいえい　*Schwimmen* (als Sport)
します　*tun, machen, treiben, spielen, veranstalten* (→Erklärung 1)
すいえいを　します: *schwimmen gehen*
しません　die Verneinungsform von します
と　*und* (→Erklärung 4)
Katakana: スポーツ　*Sport* (←sports, Englisch)

Erklärungen

1. します

ist die höfliche Gegenwartsform des Verbs, das *tun, machen* etc. bedeutet. Bei japanischen Verben gilt ein und dieselbe Form für alle Personen im Singular und Plural.

2. ～を　します

します kann mit verschiedenen Substantiven stehen, die Sportarten, Hobbies oder andere Tätigkeiten bezeichnen, und bedeutet *(etwas) tun, machen, spielen, veranstalten* etc.

スポーツ (tennis, golf, jogging, judo, dance, ski, skate, soccer, basketball, volleyball, chess, yoga, からて, すいえい, とざん etc.)	をします	*(ich) spiele/mache (du) spielst/machst usw.*	*Sport (Tennis, Golf, Jogging... Karate, Schwimmen, Bergsteigen etc.)*

3. いいえ、しません

Im Allgemeinen wird im Japanischen, wenn man eine Frage beantwortet, nicht der ganze Satz wiederholt, sondern nur das Hauptverb.

4.〜と〜

と ist eine Partikel, die dem deutschen *und* ähnelt, mit der jedoch nur Substantive aufgezählt werden. Die Funktion der Wörter im Satz wird durch die Partikel hinter dem letzten aufgezählten Substantiv (z.B. Themapartikel は oder Objektpartikel を) angezeigt.

いいさんと　さのさんは　からてと　とざんを　します。

Herr Ii und Frau Sano machen Karate und gehen bergsteigen.

Beispiel 1

A: スポーツを　しますか。 *Treiben Sie Sport?*

B: はい、します。 *Ja, (ich) treibe (Sport).*

Beispiel 2

さの: ばばさんは　からてを　しますか。

Machen Sie Karate, Herr Baba?

ばば: いいえ、しません。 *Nein. Ich mache nicht Karate.*

Übungen

1. Wie heißen die folgenden Sportarten auf Japanisch? Hören Sie die Aussprache dieser Wörter von Ihrem Lehrer oder auf der Kassette und sprechen Sie nach!

2. Fragen Sie Ihren Übungspartner, ob er bestimmte Sportarten treibt!

A: [カイ] さんは　[すいえい] を　しますか。

B: はい、します。/いいえ、しません。

3. Fragen Sie Ihren Lehrer, wie Ihre Lieblingssportarten auf Japanisch heißen, dann fragen Sie einen Kursteilnehmer, ob er diese Sportarten treibt!

Sie: [Schwimmen] は　日本語で　何ですか。

せんせい: [すいえい] です。

Sie: [Kaiser] さんは　すいえいを　しますか。
Kaiser: はい、します。/いいえ、しません。　usw.

Beispiel 3

A: スポーツを　しますか。*Treiben Sie Sport?*
B: はい、からてと　とざんを　します。
Ja. Ich mache Karate und Bergsteigen.

Übungen

4. Fragen Sie Ihre Übungspartner, ob sie Sport treiben. Wenn "Ja", sollen sie angeben, welchen Sport sie treiben.
A: [カイ] さんは　スポーツを　しますか。
B: はい。[とざん] と　[すいえい] を　します。
/いいえ、しません。

Zusammenfassung

スポーツを　しますか。	*Treiben (Sie) Sport?*
はい、します。	*Ja.*
/いいえ、しません。	*/Nein, (ich) treibe keinen (Sport).*

Schritt 2

からては　しません。　*Karate mache ich nicht.*

Neue Zeichen

Hiragana:	き **Ki**nd	よ **Yo**kohama	
	ぎ **Gi**ft	わ **wo**nderful/**o**ne (Englisch) (also wie die Partikel は)	
Katakana:	キ **Ki**nd		

Neue Wörter

Hiragana:
みます　*sehen, zuschauen*
みません　Verneinungsform von みます
わたし　hier: *ich*
ええ　*ja*; weniger förmlicher als はい.
よく　*oft, viel* (Adverb)
ときどき　*manchmal, ab und zu*

Erklärungen

1. 〜は
Die Themapartikel は kennzeichnet ein Wort, welches durch das folgende Verb betont, gefragt oder verneint wird. Wenn man das Objekt des Satzes betonen bzw. thematisieren will, tritt は an die Stelle der Objektpartikel を. からては しますか。bedeutet also in etwa *Was Karate angeht, machen Sie das?* Durch は können verschiedene Satzteile, so auch das Subjekt, hervorgehoben werden (→Beispiel 7).

2. わたし
wird nur verwendet, wenn man "ich" unbedingt betonen möchte oder als Thema des Satzes angeben muss. Anders als im Deutschen, wo man für fast jeden Satz ein ausgesprochenes Subjekt braucht, klingt ein zu oft wiederholtes " わたし " im Japanischen unnatürlich.

Beispiel 4

A: とざんを　しますか。 *Gehen Sie bergsteigen?*
B: いいえ、とざんは　しません。 *Nein, bergsteigen gehe ich nicht.*
でも、からてと　すいえいを　します。
Aber ich mache Karate und gehe schwimmen.

Beispiel 5

A: スポーツを　しますか。 *Treiben Sie Sport?*
B: いいえ、(スポーツは) しません。でも、よく　みます。
Nein, Sport treibe ich nicht, aber ich schaue oft zu.

Beispiel 6

A: すいえいを　しますか。 *Gehen Sie schwimmen?*
B: ええ、すいえいは　ときどき　します。
Ja, schwimmen gehe ich ab und zu.
A: からては　しますか。 *Und Karate, machen Sie das?*
B: からては　しません。 *Karate mache ich nicht.*

Übungen

5. Nun tragen Sie in die Tabelle ein, welche Sportarten Sie und Ihr Übungspartner treiben.
A: [B] さんは　[　　] を　しますか。
B: いいえ、[　　] は　しません。でも　ときどき　みます。
A: すいえいは　しますか。はい 、よく/ときどき　します。 usw.

	[　　]	からて	すいえい	とざん
B	ときどき　みます	します	しません	よく します
Sie				
Übungspartner				

6. Sagen Sie Ihren Mitlernenden, welche Sportarten Ihr Übungspartner laut der oben ausgefüllten Tabelle treibt und welche nicht!
Beispiel: [　　] さんは　[からて] と　[とざん] を　します。
[すいえい] は　しません。

Beispiel 7

いしいさんは　からてを　します。でも、わたしは
しません。 *Herr Ishii macht Karate, aber ich (mache es) nicht.*

Übungen

7. Sie sehen unten die Sportarten, die Frau Sakai gerne macht. Sagen Sie, welche Sportart Sie aber selber nicht treiben!

Beispiel: ［さかい］さんは　［からて］を　します。
でも、わたしは　しません。

Schritt 3

あした　何を　しますか。 *Was machen Sie morgen?*

Neue Zeichen

Hiragana:	あ **ab**	ほ **Ho**lland
	に **ni**cht	ぼ **Bo**nn
	そう langes そ	ぽ **Po**st
Kanji:	何 なに: *was* (→Lektion 4. Schr.1)	

Neue Wörter

Hiragana: あした *morgen*
かいもの *Einkäufe*
　かいものを　します *einkaufen*
そうじ *Saubermachen*
　そうじを　します *putzen, saubermachen*
さんぽ *Spaziergang*
　さんぽを　します/さんぽします *spazieren gehen*
よみます *lesen*

Kanji: 本 (ほん) *Buch*

Erklärungen

1. あした　しごとを　します
Im Japanischen wird die Gegenwartsform von Verben auch für die Handlungen in der Zukunft verwendet, wenn es sich um ziemlich sichere, geplante oder leicht durchführbare Handlungen handelt. So bedeutet der obige Satz: *Morgen werde ich arbeiten.*

2. は bei あしたは
ist eine Themapartikel und macht あした zum Thema des Satzes: *Was morgen betrifft, ...* (→Beispiel 8).

3. 何を
Das Fragewort steht normalerweise direkt vor dem Verb, d.h. nicht unbedingt am Anfang des Satzes wie im Deutschen.

4.〜さんは....。
Wenn eine Frage fast das gleiche beinhaltet wie die vorhergehende, kann man die wiederholten Teile weglassen (→Beispiel 8).

Beispiel 8

いまい: あした 何を しますか。*Was machen Sie morgen?*
きのした: あしたは かいものと そうじを します。
Was morgen betrifft,/Morgen mache (ich) Einkäufe und räume auf.
いまいさんは....。 *Und Sie, Frau Imai?*
いまい: わたしは 本を よみます。*Ich werde ein Buch lesen.*

Übungen

8. Fragen Sie sich gegenseitig, was Sie morgen machen wollen! Wenn Sie nicht wissen, wie das Wort auf Japanisch heißt, fragen Sie Ihren Lehrer!
A: あした 何を しますか。
B: [かいもの] を [します]。 [ ] さんは?

Dialog 5

Behrmann: いしいさんは スポーツを しますか。
いしい: はい、します。
Behrmann: 何を しますか。
いしい: すいえいを よく します。
Behrmann さんは。
Behrmann: わたしは すいえいは しません。
からてと とざんを します。

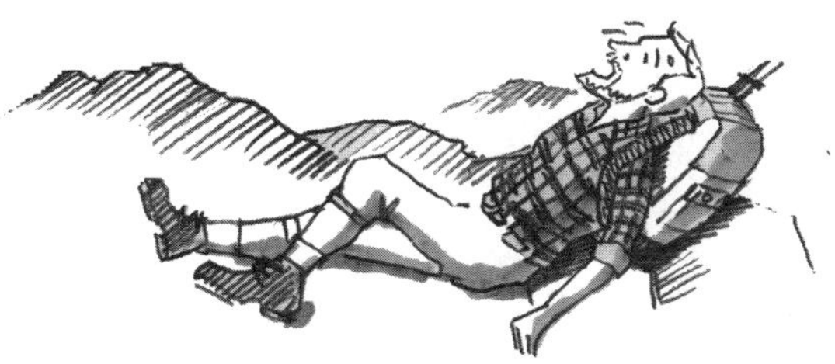

Über Japan 日本 und Japanisch 日本語

Die Entstehung der drei japanischen Schriftarten

1. Ursprung einiger chinesischer Kanji-Schriftzeichen

a) von Gegenständen bildlich abgeleitet und vereinfacht gezeichnet

日 (に、にち u.a.: *Sonne*)

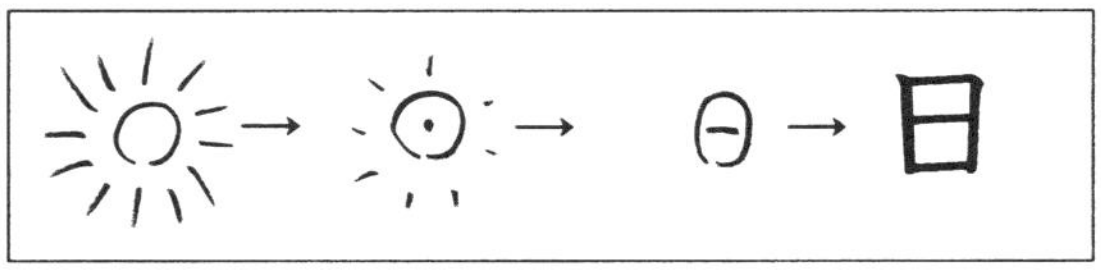

b) als symbolische Zeichen

一 (いち: *eins*)、二 (に: *zwei*)、三 (さん: *drei*)

上 (うえ: *oben*) ←→ 下 (した: *unten*)

＿ + 丨 + 一 = 上				— + 丨 + 一 = 下			
Ebene	darüber	etwas		Ebene	darunter	etwas	

c) Kombination von a) und b)

本 (ほん: *Anfang, Wurzel, Heimat etc.*)

Kombination von vereinfachter Baumform und symbolischem Zeichen für Wurzel.

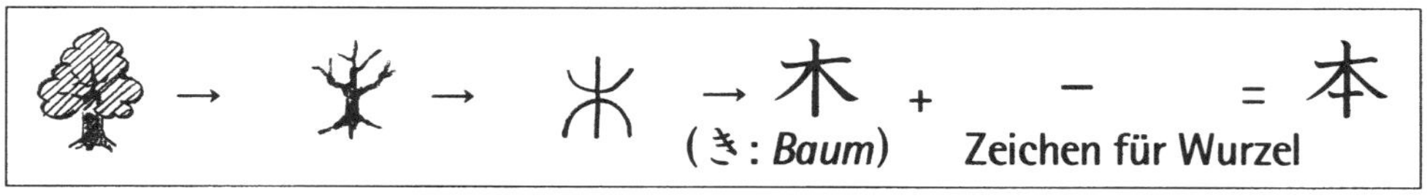

d) nach einem Lautzeichen oder Kombination von a) oder b) mit Lautzeichen

語 (ご: *Sprache, Erzählen*)

言 + 吾 = 語

Zeichen für *Wort* (ご: Lautzeichen für *ineinander, miteinander*)

2. Entstehung der japanischen Hiragana- und Katakana-Silbenschriften

a) Beispiele für Hiragana:

加 → か

以 → いろ → い

b) Beispiele für Katakana:

加 → カ

伊 → イ → イ

Lektion
六課
(ろっか)

6 Gegenstände benennen

Schritt 1

からては　あまり　しません。

Karate machen wir/mache ich nicht so oft.

Neue Zeichen

Hiragana:

り	Licht	きゅう	"Q" (wie der englische Buchstabe)
じゅ	Dschungel		
じゅう	langes じゅ	きゅ	"Q" (wie oben, aber kürzer)
とう	langes と	もう	langes も
どう	Donau: langes ど		

Katakana:

リ	Licht

Neue Wörter

Hiragana:

あまり	*nicht allzu (oft, viel)/nicht so (oft, viel)/nicht besonders (oft, viel usw.)* (→Erklärung 1)
ご	*Go-Spiel* (mit schwarz-weißen Go-Steinen)
じゅうどう	*Judo*
やきゅう	*Baseball*
すもう	*Sumo* (japanischer Ringkampf)
おりがみ	*Origami* (japanische Kunst des Papierfaltens)
こども	*Kind*

Kanji + Hiragana:

何も	*nichts, gar nichts* (→Erklärung 2)

barbecue, picnic, party, camp, hitch hike, drive, cycling, diet, gamble, game, trump, chess, ご, おりがみ, じゅうどう, やきゅう etc.	を します	*grillen, picknicken, Parties veranstalten, zelten, trampen, mit dem Auto spazierenfahren, Radtour machen, Diät machen, um Geld wetten, Spiel spielen, Karten spielen, Schach spielen, Go spielen, Origami falten, Judo machen, Baseball spielen usw.*

Erklärungen

1. あまり

ist ein Adverb, das meistens in Verbindung mit der Verneinungsform der Verben verwendet wird. あまり　しません bedeutet also *ich mache (es) nicht oft.*

2. 何も

wird nur mit der Verneinungsform von Verben verwendet und bedeutet *nichts.* 何も　しません heißt *nichts tun* oder manchmal auch einfach nur *nichts Besonderes tun.*

Beispiel 1

A: ドイツ人は　よく　やきゅうを　しますか。
Spielen die Deutschen oft Baseball?

B: いいえ、（やきゅうは）　あまり　しません。
Nein, Baseball spielen sie nicht so oft.

Beispiel 2

A: スイスの　こどもは　よく　スポーツを　しますか。
Machen die Kinder in der Schweiz oft Sport?

B: はい、します。/いいえ、あまり　しません。
Ja./Nein, nicht so oft.

Übungen

1. Wissen Sie, was man in Japan oft macht? Fragen Sie Ihren Lehrer, ob Japaner die unten gezeigten Aktivitäten oft machen!
Beispiel: せんせい、日本人は　よく　[　　　]を　しますか。

【party, camp, cycling, hitch hike, gamble, game, jogging】

2. Wissen Sie, was die Kinder in Japan, Deutschland, Österreich oder in der Schweiz gerne machen? Fragen Sie sich gegenseitig, ob sie die unten genannten Aktivitäten oft machen!
A: 日本の　こどもは　よく　[やきゅう]を　しますか。
B: はい、（よく）します。/いいえ、あまり　しません。

【やきゅう, おりがみ, ご, すもう, すいえい, からて, じゅうどう】

Beispiel 3

A: あした　何を　しますか。 *Was machen Sie morgen?*
B: あしたは　かいものを　します。 *Morgen gehe ich einkaufen.*
C: わたしは　何も　しません。 *Ich mache nichts (Besonderes).*

Übungen

3. Fragen Sie Ihre Übungspartner, was sie morgen machen werden!
A: あした　何を　しますか。
B: あしたは　[　　　]を　[します/よみます/みます]。
/ [何も]　しません。
B:【かいもの/スポーツ/しごと/本/さんぽ/そうじ/何も usw.】

Schritt 2

きのう　何を　しましたか。

Was haben Sie gestern gemacht?

Neue Zeichen

Hiragana:

きょう **Kyo**to: langes きょ		のう **No**t: langes の
きょ wie oben aber kürzer		

Katakana:

ハ **Ha**nna	バ **Ba**llet	パ **Pa**nne
テ **Te**nnis	デ **de**nn	ティー **"T"** (wie der englische Buchstabe)

Hiragana / Katakana	
へ/ヘ	**He**ft
べ/ベ	**Be**tt
ぺ/ペ	**Pe**lz

Neue Wörter

Hiragana: きのう *gestern*
おととい *vorgestern*
べんきょう *Lernen, Studieren.*
べんきょう（を）します *lernen/studieren*
てがみ *Brief*
かきます *schreiben*
Katakana: パーティー *Party*

Erklärungen

1. べんきょうします/べんきょうを　します
Die Objektpartikel を entfällt, wenn wie bei 日本語を　べんきょうします (*Japanisch lernen*) ein zusätzliches Akkusativobjekt hinzukommt. Hier fungiert der gesamte Ausdruck べんきょうします als ein Verb.
Wenn kein konkretes Objekt genannt wird, stehen beide Ausdrucksweisen (mit und ohne を) gleichberechtigt nebeneinander.

2. Vergangenheitsformen der Verben in der höflichen ます-Form enden statt auf ます auf ました und die Veneinungsform auf ませんでした.
Beispiele: すいえいを　しました/しませんでした。
てがみを　かきました/かきませんでした。

Beispiel 4

おととい　パーティーを　しました。
Vorgestern haben wir eine Party gemacht.

Beispiel 5

A: きのう　何を　しましたか。*Was haben Sie gestern gemacht?*
B: きのうは　すもうを　みました。*Gestern habe ich Sumo gesehen.*
C: わたしは　何も　しませんでした。*Ich habe nichts gemacht.*
D: わたしは　てがみを　かきました。*Ich habe einen Brief geschrieben.*

Zusammenfassung

Vergangenheitsform der Verben	～ました
verneinte Vergangenheitsform	～ませんでした

Übungen

4. Was hat Herr Ishii gestern gemacht? Beantworten Sie die Frage mit einer der unten gezeigten Tätigkeiten!

A: いしいさんは　きのう　何を　しましたか。

B: [かいもの] を　しました。

5. Frau Ide hat gestern im Fernsehen die Sportarten bzw. Veranstaltungen, die im linken Kasten stehen, gesehen. Die im rechten Kasten abgebildeten Veranstaltungen hat sie aber nicht gesehen. Fragen Sie sich gegenseitig, was sie gestern gesehen hat!

A: いでせんせいは　きのう　何を　みましたか。

B: [　　　] を　みました。/ [　　　] は　みませんでした。

6. Was haben Sie gestern gemacht? Fragen Sie sich gegenseitig!

A: きのう　何を　しましたか。

B: [　　　] を　[　　] ました。/何も　しませんでした。

Schritt 3

すいえいも　しますか。　*Gehen Sie auch schwimmen?*

Neue Zeichen

Hiragana:	りょ	Lyon (als eine Silbe kurz ausgesprochen)	こう　Kohl: langes こ
	りょう	langes りょ	
Katakana:	ニ	nicht	

Neue Wörter

Hiragana: りょうり　*Kochen*
　りょうりを　します　*kochen*
も　*auch* (Partikel→Erklärung 1)
きょう　*heute*
えいが　*(Kino-)Film*
りょこう　*Reise*
　りょこうを　します　*verreisen, eine Reise machen*
Katakana: テニス　*Tennis*

Erklärungen

1. 〜も
Die Partikel も entspricht sinngemäß dem deutschen *auch.* も folgt immer direkt auf das Wort, auf das es sich bezieht und ersetzt die Themapartikel は oder die Objektpartikel を. Wenn も verwendet wird, kann das Wort vor も bei der Antwort nie weggelassen werden, es sei denn, dass das Bezugswort und も beide wegfallen (→ Beispiel 6). も wird auch bei verneinten Sätzen verwendet (→ Beispiel 8).

Beispiel 6

A: いとうさんは　りょうりを　しますか。
Kochen Sie selbst, Herr Ito?

B: はい、します。*Ja.*
A: かいものも　しますか。*Machen Sie auch Einkäufe?*
B: はい、（かいものも）　します。
Ja, ich mache auch Einkäufe .

Übungen

7. Die Bilder unten zeigen, was die genannten Personen machen. Beschreiben Sie, wer was macht!
Beispiel: [　　] さんは　[　　] を　します。[　　] も　します。

??

いしだ　　ももやま　　わたし

Beispiel 7

A: わたしは　よく　えいがを　みます。
Ich sehe oft Filme./Ich gehe oft ins Kino.

B: わたしも　ときどき　みます。*Ich (sehe sie) auch manchmal.*

Beispiel 8

さかた: おださんは　やきゅうを　しますか。
Spielen Sie Baseball, Herr Oda?

おだ: いいえ、しません。さかたさんは　しますか。
Nein, ich spiele nicht. Und Sie, spielen Sie, Herr Sakata?

さかた: わたしも　しません。*Ich spiele auch nicht./Ich auch nicht.*
わたしは　テニスも　しません。
Ich spiele auch nicht Tennis.

Übungen

8. Jeder Kursteilnehmer beschreibt, was er in der Freizeit macht bzw. nicht macht. Wenn jemand in der Klasse das auch tut, meldet er sich und sagt, dass er das auch macht bzw. nicht macht.

Beispiel: *A:* わたしは　[じゅうどう] は　しません。
—わたしも　しません。
B: わたしは　よく　[りょこう] を　します。
—わたしも　ときどき　します。

Beispiel 9

A: きょう　何を　しましたか。*Was haben Sie heute gemacht?*

B: しごとを　しました。*Ich habe gearbeitet.*
かいものも　しました。*Ich habe auch Einkäufe gemacht.*

Übungen

9. Fragen Sie Ihre Mitlernenden und Ihren Lehrer, ob sie eine der unten genannten Aktivitäten ausüben! Danach beschreiben Sie, wer was macht bzw. nicht macht!

A: [カイ] さんは　よく　[かいもの] を　しますか。

B: はい。します。

A: [りょうり] も　しますか。

B: いいえ。[りょうり] は　あまり　しません。

Beschreibung: [カイ] さんは　よく
[かいもの] を　します。
でも　[りょうり] は
あまり　しません。

【かいもの, りょうり, りょこう,
パーティー, テニス, おりがみ,
やきゅう, べんきょう】

10. Hören Sie sich an, was Herr Tanaka über die Gewohnheiten der Japaner, Deutschen, Schweizer usw. zu wissen glaubt, und notieren Sie seine Meinung in der Tabelle. Stimmt das überhaupt? Bevor Sie die Kassette hören, können Sie jeweils im linken Kästchen Ihre eigene Meinung festhalten, damit Sie sie anschließend mit der von Herrn Tanaka vergleichen können.

◎=oft gemacht, ○=gemacht, △=nicht oft gemacht, X= kaum gemacht

	パーティー		しごと				りょこう		りょうり			
日本												
ドイツ												
スイス												
Austria												
U.S.A.												

Schritt 4

しょくじを　しませんか。

Wollen Sie nicht (mit mir) essen gehen?

Neue Zeichen

Hiragana:

しょ	**Scho**ck (weicher)	ね	**ne**tt
む	**Mu**seum		

Neue Wörter

Hiragana:
しょくじ — *Essen*
しょくじを　します: *essen, Essen gehen*
(お) はなみ — *Kirschblütenschau*
ね — Partikel, entspricht im Deutschen Wörtern wie *doch, wirklich, nicht wahr* usw. (→Erklärung 1)
いい — *gut, schön*
すみません — hier: *Es tut mir Leid.*
にがて — bedeutet etwa *schwach, schwacher Punkt* (→ Erklärung 3)

Erklärungen

1. 〜ね

ね ist eine Partikel, die am Ende des Satzes steht und dessen Stimmung prägt. Bei いいですね wird die Zustimmung durch ね verstärkt.

2. 〜ませんか (しませんか/みませんか/かきませんか)

Bei einer Frage mit ませんか handelt es sich oft um eine indirekte Aufforderung, wie auch im Deutschen bei *Wollen Sie (nicht) machen /sehen/schreiben?* oder *Möchten Sie machen/sehen/schreiben?*

3. ～は　にがてです

bedeutet *nicht gut bei einer Sache sein, etwas für seinen eigenen Schwachpunkt halten* oder auch *etwas nicht gerne machen.* Der Ausdruck kann verwendet werden, um etwas entschuldigend abzulehnen oder abzusagen, da eine Antwort wie *Ich mag/möchte nicht* in Japan als zu direkt bzw. unhöflich empfunden wird (vgl. Beispiel 10 und 11) .

Beispiel 10

A: きょう　おはなみを
しませんか。
Wollen Sie heute nicht (mit mir) zur Kirschblütenschau gehen?

B: いいですね。
Gut!/Schön!/Gute Idee!/Gerne!

Übungen

11. Fragen Sie Ihre Übungspartner, ob sie einige der unten genannten Freizeitaktivitäten mit Ihnen gemeinsam unternehmen wollen! Ihre Übungspartner machen alles mit!

A: [テニス] を　しませんか。

B: いいですね。

【テニス, パーティー,　おはなみ, しょくじ, りょこう】

Beispiel 11

A: あした　やきゅうを　みませんか。
Wollen wir morgen gemeinsam Baseball anschauen?

B: すみません。やきゅうは　にがてです。
Es tut mir Leid, aber Baseball verstehe ich nicht so gut.
/Ich sehe Baseball nicht so gerne.

A: じゃ、すもうを　みませんか。
Wollen wir dann Sumo sehen?

B: いいですね。*Gut!/Schön!/Gute Idee!/Gerne!*

Übungen

12. Ihre Übungspartner fragen, ob Sie morgen einige der Freizeitaktivitäten unten mit ihnen gemeinsam unternehmen wollen! Antworten Sie, dass Sie nicht wollen, und begründen Sie, warum!

A: あした　[　　　　] を　しませんか/みませんか。

B: すみません。 [　　　　] は　にがてです。

oder すみません。あしたは　[　　　] を　します/みます。

【やきゅう, しょくじ, おはなみ, えいが, テニス, すもう】

Über Japan 日本 und Japanisch 日本語

Neue Wörter

Hiragana: むかし　*die alte Zeit,* hier: *früher*
Kanji: 大人　（おとな） *Erwachsene*

日本の　スポーツ

すもうは　日本の　スポーツです。むかしは　大人も
よく　すもうを　しました。いまは　あまり　しません。
でも　日本人は　すもうを　よく　みます。

じゅうどうも　日本の　スポーツです。からても　日本の
スポーツです。日本の　学せいは　からてと　じゅうどうを
ときどき　します。大人は　あまり　しません。こどもは
やきゅうを　よく　します。大人も　やきゅうは　よく
みます。

Dialog 6

Keller：さのさんは　スポーツを　しますか。
さの：はい、よく　します。
Keller：わたしは　テニスを　します。
さのさんも　テニスを　しますか。
さの：ええ、ときどき　します。
Keller：では、あした　しませんか。
さの：いいですね。

Lektion
七課
(ななか)

7 Vorschläge annehmen und ablehnen

Schritt 1

おちゃは　いかがですか。 *Wie wäre es mit Tee?*

Neue Zeichen

Hiragana: ちゃ **Cha**-Cha-Cha (Tanzmusik)

Neue Wörter

Hiragana:

おちゃ	*Tee*, normalerweise *grüner Tee*
どう	*wie* (→Erklärung 1) *wie ist es/wäre es (mit etwas)?*
いかが	*wie* (höfliches Wort→Erklärung 1)
(お)さしみ	*dünne Scheiben rohen Fischfilets*
すきやき	*japanisches Fondue mit hochwertigem, hauchdünn geschnittenem Rindfleisch in einer Brühe auf Sojasoßen- und Zuckerbasis*
いただきます	(Redewendung) *Guten Appetit!* (sagt nur derjenige, der anfängt zu essen.) Wörtlich: *Ich nehme es mit Dank an.* (→Erklärung 3)
どうぞ	*Bitte!* (beim Überreichen, Hereinbitten etc.)
どうも	*Danke!*

Katakana+Hiragana:

ドイツりょうり	*deutsche Küche* (vgl. japanische Küche: 日本りょうり)

Erklärungen

1. Aは　いかがですか/Aは　どうですか
bedeutet hier *Wie ist A?/Was A angeht* (Thema des Satzes), *wie wäre es damit?→Wie ist es mit A/Wie wäre es mit A?* いかがですか wird verwendet, um entweder dem Gesprächspartner oder der im Gespräch erwähnten Person gegenüber etwas höflich zu äußern; in anderen Fällen kann man statt いかが den neutralen Ausdruck どう verwenden.

2. Sehr viele moderne Getränkenamen werden (zumindest im Café) aus dem Englischen übernommen (lemon tea *Tee mit Zitrone*, milk tea *Tee mit Milch*, coffee *Kaffee*, cola *Cola*, beer *Bier*, cocktail *Cocktail*, wine *Wein*, ice cream *Eiskrem* etc.), aber wie andere ausländische Wörter stark japanisiert ausgesprochen. Sie werden normalerweise in Katakana geschrieben. (siehe "Ausspracheregel für Wörter mit ausländischem Ursprung").

3. いただきます
wird verwendet, 1) wenn man von jemandem etwas als Geschenk bzw. zum Essen erhält und sich dafür bedankt (*Ich nehme es mit Dank an.*), oder 2) wenn

man anfängt zu essen (*Guten Appetit!*), auch zu Hause, aber besonders, wenn man zum Essen eingeladen ist.

4. おちゃ und おさしみ
Das Höflichkeitspräfix お bei おちゃ wird fast immer verwendet, während es mit さしみ oder すし von Männern nicht so häufig wie von Frauen verwendet wird.

Beispiel 1

A: おさしみは　いかがですか。 *Wie wär's mit rohen Fischfilets?*
B: すみません。おさしみは　にがてです…。
Es tut mir Leid, aber roher Fisch ist nicht gerade mein Fall./Ich mag keinen rohen Fisch.

Übungen

1. Ihr Übungspartner bietet Ihnen ein Getränk bzw. Gericht an, das Sie nicht gerne trinken oder essen. Sagen Sie ihm, dass Sie es leider nicht so gerne mögen.

A: [さかな] は　いかがですか。
B: すみません。[さかな] は　にがてです。

Beispiel 2

A: すきやきは　どうですか。 *Wie wäre es mit Sukiyaki?*
B: いいですね。でも　ドイツりょうりも　いいですね。
Das klingt gut! Aber die deutsche Küche ist auch gut.

Beispiel 3

A: おちゃは　いかがですか。 *Wie wäre es mit Tee?/Möchten Sie Tee?*
B: はい、いただきます。 *Ja, (ich trinke) gerne.*
A: どうぞ。 *Bitte!*
B: どうも。 *Danke!*

Übungen

2. Stellen Sie sich vor, dass Sie einen japanischen Gast haben! Bieten Sie ihm etwas sehr Deutsches zum Trinken und Essen an! Ihr Gast nimmt alles an!
A: [Eisbein] は　いかがですか。
B: はい、いただきます。

3. Bieten Sie Ihren Übungspartnern eines der Getränke oder ein Gericht an! Wenn Ihre Übungspartner das Getränk nicht mögen, bieten Sie ihnen etwas anderes an! Tauschen Sie die Rollen, wenn der Übungspartner das Angebot angenommen hat.

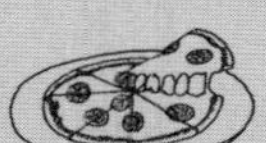

A: [　　　] は　いかがですか。
B: すみません。 [　　　] は　にがてです…。
A: では　[　　　] は　いかがですか。
B: はい、いただきます。
A: どうぞ。
B: どうも。

Schritt 2

ちょっと　むりです。 *Es geht nicht.*

Neue Zeichen

Hiragana:

ふ Humor	ぶ Butan	ぷ publik
ちょ Macho (aber kurz)		しょう Show (Englisch)
じょ Job (Englisch)		け Keller
じょう (langes じょ)		げ Genf
ちょっと ちょ + kurz Luft anhalten + と		
あさって さ + kurz Luft anhalten + て		

Neue Wörter

Hiragana: ちょっと *ein bisschen*
むり *unmöglich.*
むりです *(Das) ist nicht möglich./Es geht nicht./Das passt (jemandem) nicht.*
だいじょうぶ *sicher, möglich, machbar, in Ordnung*
だいじょうぶです *(Das) geht./In Ordnung./Kein Problem.*
からおけ (Normalerweise in Katakana geschrieben) *Instrumentalmusik ohne Text, der dazu gesungen werden kann.*
あさって *übermorgen*
こうちゃ *schwarzer Tee* (im Allgemeinen)
(お)みず *Wasser* ←vgl. (お)ゆ: warmes Wasser
(お)さけ *Sake, Reiswein*
Kanji+Hiragana: 日本ちゃ *grüner Tee*: vgl. おちゃ

Erklärungen

1. ちょっと...
In dem Satz ちょっとむりです ist ちょっと ein Adverb, das *ein wenig* oder *ein bisschen* bedeutet. Um eine zu direkte Ablehnung zu vermeiden, werden im Japanischen oft umschreibende Ausdrücke wie ちょっと, あまり usw. verwendet. (A は) ちょっとむりです *Es (=A) ist für mich ein bisschen schwierig* bedeutet aber sehr oft eine deutliche Ablehnung. Häufig wird der Satz sogar mit dem Wort ちょっと abgebrochen, und nur durch den zögernden Tonfall wird die Ablehnung angedeutet. Beim Aussprechen dieses verkürzten Satzes muss unbedingt auf die Verzögerung geachtet werden, sonst klingt der Satz wie: *(ja) ein bisschen (bitte!)*. ちょっと als eine negative Antwort/Ablehnung wird in der Umgangssprache sehr häufig verwendet (→Erklärung 2).

2. だいじょうぶ
wird ins Deutsche je nach der Situation, in der es verwendet wird, anders übersetzt. Mit だいじょうぶですか meint man *geht es?*
Eisbein は だいじょうぶですか z.B. bedeutet also *Ist Eisbein*

O.K.?/ Können Sie Eisbein essen?, während さのさんは　だいじょうぶですか etwa *Ist mit Frau Sano* (zeitlich, gesundheitlich, finanziell etc.) *alles klar?* bedeutet. Die positive Antwort dazu lautet だいじょうぶです, während eine negative Antwort oft mit ちょっと… (Eisbein は　ちょっと…,さのさんは　ちょっと…) ausgedrückt wird.

Beispiel 4

A: きょう　えいがを　みませんか。
Wie wäre es heute mit einem Film?/Wollen wir heute einen Film sehen?

B: すみません。きょうは　ちょっと　（むりです）…。
Es tut mir Leid. Heute passt es mir nicht…

Übungen

4. Sie laden Ihren Übungspartner zu einem gemeinsamen Fernsehabend ein. Sie sollen mindestens drei verschiedene Programme anbieten. Aber Ihr Übungspartner mag grundsätzlich Fernsehen nicht. Er lehnt deswegen alle Ihre Angebote ab.

A: あした　［すもう］を　みませんか。
B: すみません。［すもう］は　ちょっと…。

5. Laden Sie Ihren Übungspartner zu gemeinsamen Aktivitäten für morgen ein!

A: あした　［からおけパーティー］を　しませんか。
B: いいですね。/すみません。あしたは　ちょっと（むりです）…。

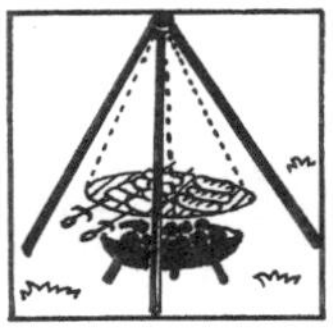

Beispiel 5

A: おさけは　だいじょうぶですか。
Ist Sake O.K.?/Können Sie Sake trinken?

B: はい、だいじょうぶです。 *Ja, in Ordnung/ich kann.*

Beispiel 6

A: あした　しょくじを　しませんか。
Wollen wir morgen nicht zusammen essen (gehen)?/Möchten Sie morgen mit mir essen (gehen)?

B: すみません。あしたは　ちょっと（むりです）…。
Es tut mir Leid. Morgen passt es mir nicht...

A: では、あさっては　いかがですか。
Wie wäre es dann mit übermorgen?

B: あさっては　だいじょうぶです。
Übermorgen ist kein Problem./Übermorgen geht es.

Übungen

6. Fragen Sie Ihren Übungspartner, ob mit den unten aufgeführten Sachen alles klar ist!
A: ［しごと］は　だいじょうぶですか。
B: はい、だいじょうぶです。/［しごと］は、ちょっと…。

【しごと, あした, あさって, かいしゃ, おさしみ, さかな,
おさけ, さのさん, テニス, パーティー, 日本語】

7. Ihr Übungspartner bietet etwas zum Essen oder Trinken an. Sie mögen das erste Getränk bzw. Gericht nicht. Erst das dritte nehmen Sie an.
A: ［おさけ］は　いかがですか。
B: すみません。［おさけ］は　ちょっと（にがてです）…。
A: では、［こうちゃ］は　いかがですか。
B: すみません。［こうちゃ］も　ちょっと…。
A: では、［日本ちゃ］は　いかがですか。
B: はい、いただきます。
A: どうぞ。
B: どうも。

Schritt 3

あした　きょうとに　いきます。

Morgen fahre ich nach Kyoto.

Neue Zeichen

Katakana:

オ　**O**nkel	ア　**a**b

Neue Wörter

Hiragana: あ/あっ　*Ach!*
そう　bedeutet ungefähr *so*, aber je nach Betonung auch *Ach so!/Wirklich!*
ほんとう　*wirklich, wahr, echt*
ぎんこう　*Bank*
に　Partikel; hier ungefähr: *zu* oder *nach* (→Erklärung 2)
いきます　*gehen; fahren.* いきます ist eine höfliche Form des Verbs. Wörterbuchform: いく
いきました Vergangenheitsform von いく
どこ　*wo*; どこに *wohin*

Katakana: オーストリア　*Österreich* (Austria, englisch)
オットー　*Otto* (Name)
スーパー　*Supermarkt*
スキー　*Skilaufen*

Erklärungen

1. Video, camera, film, televi(sion), tape recorder, CD-player, video-deck etc.
Die Bezeichnungen moderner Elektronikartikel wurden in der Regel aus dem Englischen übernommen, werden jedoch stark japanisiert oder in Kurzform ausgesprochen:  ←television,

 ←Personal Computer.

(→Anhang: Ausspracheregeln für Wörter mit europäischem Ursprung)

2. 〜に

に ist eine Partikel, die den Zielort oder den Zweck der Bewegung anzeigt.
ドイツに　いきます bedeutet *Ich fahre nach Deutschland.*
しごとに　いきます bedeutet *Ich gehe zur Arbeit.*

3. そう

Gesprochen ohne besondere Betonung, bedeutet そうですか *Ist das so?/ Ich verstehe.* Wenn man そう betont, kann man Erstaunen ausdrücken: *Ach so!/ Wirklich!*

4. 〜は

Mit der Partikel は wird das Thema des Satzes eingeführt. りょこうは im Beispiel 9 ist kein Subjekt, sondern Thema des folgenden Satzes, und bedeutet *Was Reisen betrifft... .*

Beispiel 7

A: あした　パーティーに　いきます。
Morgen gehe ich auf eine Party.

B: そうですか。 *Ist das so?/Ach ja.*

Beispiel 8

A: あした　オーストリアに　いきます。
Ich fahre morgen nach Österreich.

B: ほんとうですか。わたしも　あした (オーストリアに) いきます。 *Wirklich? Ich (fahre) morgen auch (nach Österreich)!*

Übungen

8. Sagen Sie, wohin Sie morgen gehen oder fahren! Verwenden Sie dabei die unten angegebenen Ziele!

A: あした　[おはなみ] に　いきます。
B: そうですか。わたしは　[かいしゃ] に　いきます。/
そうですか。わたしも　[おはなみ] に　いきます。

【おはなみ, かいしゃ, おいしゃさん, はいしゃさん, ドイツぎんこう, 大学, しみん大学, からおけ, パーティー, しごと, スイス, ドイツ, オーストリア, 日本】

Beispiel 9

A: りょこうは　どこに　いきましたか。
Wohin sind Sie verreist?

B: オーストリアに　いきました。 *Wir sind nach Österreich gefahren.*

A: あ、そうですか。 *Ist das so?/Wirklich!*

Übungen

9. Wer geht oder fährt morgen wohin? Sehen Sie sich den Hinweis unten an und sagen Sie, wer wohin geht/fährt! Ihre Übungspartner drücken Ihre Überraschung mit ほんとうですか aus, weil Sie morgen genau dasselbe machen wollen.

A: [さの] さんは　あした　[オーストリア] に　いきます。
B: ほんとうですか。わたしも　いきます。

【さの→オーストリア, たかい→しみん大学, Behrmann→パーティー, やまだ→ドイツぎんこう, おおき→はいしゃさん, Keller →おはなみ】

10. Beantworten Sie die folgenden Fragen je nach der Anweisung!

A: [りょこう] は　どこに　いきしたか。
B: [オーストリア] に　いきました。

【りょこう→オーストリア, おはなみ→大学, しごと→ドイツ, しょくじ→(お)すし屋, スキー→スイス, かいもの→スーパー】

Schritt 4

ざんねんですが…。 *Schade, aber... (es geht nicht)!*

Neue Zeichen

Hiragana:

つ zurück	づ＝ず Sudan

Neue Wörter

Hiragana: ざんねん *schade*
ざんねんですが *leider* (→Erklärung 2)
が *aber, jedoch* (→Erklärung 2)
ききます *hören, zuhören* (höfliche Form); きく (Wörterbuchform)
～を　ききます *etwas hören, zuhören*
ありがとう（ございます） *Vielen (herzlichen) Dank! Das ist sehr nett von Ihnen (, dass Sie mich einladen /, dass Sie das für mich machen usw.).*

Erklärungen

1. ざんねん, にがて und むり
gehören zu der Gruppe von Adjektiven (な–Adjektiven), die nicht wie die meisten japanischen Adjektive auf い enden. いい *(gut)* in Lektion 6 gehört zur anderen Gruppe von Adjektiven (い–Adjektiven), deren Wörterbuchform auf い endet.

2. ざんねんですが...
ist eine häufig verwendete Redewendung und bedeutet *(Es ist) schade, aber...* .
ざんねんですが、むりです。bedeutet also *Schade, aber es ist leider nicht möglich./Leider geht es nicht.*

3. そうですか
wird je nach der Betonung und Melodie sowohl als Frage als auch als Zeichen für das Zuhören verwendet. *Ist das so?/Ach ja?/So ist das!*

Beispiel 10

A: あした　しょくじを　しませんか。
Wollen wir morgen (zusammen) essen (gehen)?

B: ええ、いいですね。*Ja, eine gute Idee!*

Beispiel 11

A: あした　しょくじを　しませんか。
Wollen wir morgen (zusammen) essen (gehen)?

B: ありがとうございます。*Vielen Dank (für die Einladung).*
でも、ざんねんですが、あしたは　ちょっと（むりです）...。 *Aber leider passt es mir morgen nicht./ Leider geht es morgen nicht.*

A: そうですか。ざんねんですね。*Ich verstehe. Schade!*
B: すみません。 *Es tut mir Leid.*

Beispiel 12

A: あした　ドイツの　おんがくを　ききませんか。
Wollen wir morgen (zusammen) deutsche Musik hören?

B: ざんねんですが、あしたは　かいしゃに　いきます。
(Es ist) Schade, aber morgen gehe ich zur Firma/zur Arbeit.

Übungen

11. Sie laden Ihre Übungspartner zu einer Party usw. ein. Die Übungspartner haben aber leider etwas anderes vor. Zeigen Sie Ihre Enttäuschung mit "ざんねん"!

A: あさって　［パーティー］を　します。
［カイ］さんも　いかがですか。
B: ざんねんですが、　あさっては　ちょっと（むりです）...。
あさっては　［しみん大学に　いきます。］
A: そうですか。ざんねんですね。

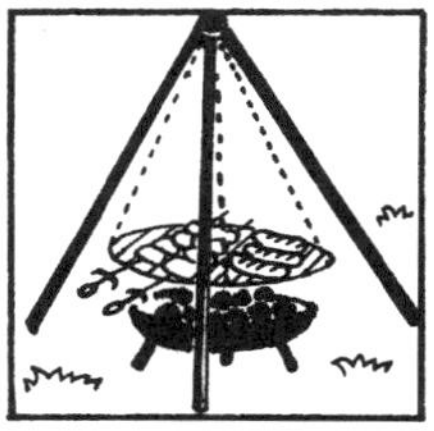

12. Laden Sie Ihren Übungspartner für heute zu einer Veranstaltung aus der Liste A ein! Ihr Übungspartner entscheidet, ob er heute, morgen, übermorgen oder überhaupt nicht mitgeht (die möglichen Antworten sind in der Liste B aufgeführt). Fangen Sie die Frage mit ～ませんか an, und falls Ihr Übungspartner heute nicht gehen will, versuchen Sie es weiter mit anderen Terminen!

A: きょう　［えいが］を　［みません］か。
B: すみません、　［きょう］は　ちょっと...。
A: では［あした］は　いかがですか。usw.

A: 【えいが/すもう/やきゅう】を　みます。
【しみん大学/パーティー etc.】に　いきます。
【テニス/かいもの/おはなみ/しょくじ】を　します。
【そうですか。ざんねんですね。】

B: 【いいですね。】
【すみません。きょうは/あしたは/あさっては　ちょっと...。】
【すみません。えいが/すもう/テニス usw. は　ちょっと...。】
【あしたは/あさっては　だいじょうぶです。】
【すみません。あしたも/あさっても　ちょっと...。】

Über Japan 日本 und Japanisch 日本語

あいづち (Zeichen des Zuhörens)
Im Japanischen ist es sehr wichtig, dass sich die Gesprächspartner gegenseitig zeigen, dass sie dem Dialog weiter folgen. Das Schweigen, das im Deutschen eher als Zeichen intensiven Zuhörens gilt, wird von Japanern sehr oft als Desinteresse verstanden. Es ist daher sehr wichtig, durch passende Wörter oder Nicken zu zeigen, dass Sie zuhören und verstehen, was Ihr Gesprächspartner sagt. "あいづち" ist jedoch nicht immer Zustimmung: "そうですか" z.B. bedeutet nur, dass Sie den Satz bzw. die Situation im Gespräch richtig verstanden haben. "そうですか" und "ありがとう" bedeuten also nicht immer Zustimmung oder Zusage zu einer Einladung etc.
Beispiel: *A:* しょくじは　いかがですか。
B: はい、ありがとうございます。また…。
Hier bedankt sich der Eingeladene für die Einladung aber meint, dass er jetzt die Einladung nicht annimmt (aber vielleicht irgendwann später einmal).

Dialog 7

Keller　:いしいさんは　おんがくを　ききますか。
いしい　:あまり　ききません。
Behrmann :そうですか。えいがは　みますか。
いしい　:えいがは　よく　みます。
Behrmann :じゃ、あした　日本の　えいがを みませんか。
いしい　:ざんねんですが、あしたは　ちょっと….。パーティーに　いきます。
Keller　:じゃ、あさっては　いかがですか。
いしい　:すみません。あさっても　ちょっと….
Behrmann :そうですか。ざんねんですね。
いしい　:すみません。

Lektion
八課
(はちか)

8 Nach dem Handelnden fragen

Schritt 1

だれが　からてを　しますか。 *Wer macht Karate?*

Neue Zeichen

Hiragana:	る	**Lu**ise	へ	(als Partikel) **E**ssen
Katakana:	ディ	**Di**ele (aber kurz)		
	コ	**Ko**st		
Kanji:	東京	とうきょう *Tokio*		
	車	くるま *Auto, Wagen*		

Neue Wörter

Hiragana:
- が　Subjektpartikel (→Erklärung 1)
- だれ　Fragewort *wer, wem, wen* (→Erklärung 1)
  - だれが　*wer* (→Erklärung 1)
  - だれも　(mit Verneinung) *keiner, niemand*
- まいにち　*täglich, jeden Tag*
- かいます　*kaufen*. Wörterbuchform: かう (→Lektion 9).
  - かいました Vergangenheitsform von かう
- きます　*kommen*. Wörterbuchform: くる (→Lektion 9)
- する　Wörterbuchform von します
- でんわ　*Telefon*
  - でんわ（を）します　*telefonieren*
- へ　Partikel für Richtung und Ziel: *nach, zu* (→Erklärung 4)
- こうえん　*Spielplatz, Park*

Katakana:
- ディスコ　*Disko*
- デパート　*Kaufhaus* (←department store, Englisch)

Erklärungen

1. が
ist die Subjektpartikel. Sie wird verwendet, wenn das Subjekt selbst die neue Information einer Aussage oder zumindest ein Teil davon ist. Wird das Subjekt dagegen mit der Themapartikel は markiert, besteht die neue Information darin, was über dieses Subjekt ausgesagt wird.

Vergleiche:
たなかさんが　からてを　します。
Frau Tanaka (nicht jemand anders) macht Karate.
たなかさんは　からてを　します。
Was *Frau Tanaka angeht, macht sie Karate.*

Mit der Frage だれが（からてを）しますか。 wird also ausschließlich nach dem Subjekt gefragt.

2. だれも　しません/しませんでした

bedeutet etwa *Keiner macht das./hat das gemacht.* だれも wird wie なにも (→Lektion 6) mit der Verneinungsform des Verbs verwendet.

3. Die Wörterbuchform ist die Wortform, die als Schlagwort in Wörterbüchern zu finden ist. z.B die Wörterbuchform von します oder しました ist する, die von おみず ist みず.

4. Die Partikel へ (ausgesprochen wie え) wird wie die Partikel に für Richtung und Ziel verwendet.

Beispiel 1

いで: だれが　東京へ　いきますか。
Wer fährt nach Tokio?

Keller: オットーさんと　やまださんが　いきます。
Otto und Frau Yamada fahren.

Beispiel 2

A: だれが　車を　かいましたか。
Wer hat ein Auto gekauft?

B: やまざきさんが　かいました。 *Herr Yamazaki hat (es) gekauft.*

Übungen

1. Beantworten Sie die Fragen wie unten angegeben!

A: だれが　よく　[　　　　]に/へ　いきますか。

B: [　　　　] さんが　いきます。

さの　　さかい　　たなか　　いしい

2. Fragen und antworten Sie, wer was gemacht hat!

A: だれが　よく　[かいものに]　[いきました] か。

B: [さのさん] が　[いきました] 。

【いきます，　します，します，みます，ききます，みます】

さの　　いで　　Keller　　さかい　　カイ　　Behrmann

Beispiel 3

A: だれが　まいにち　りょうりを　しますか。
Wer kocht jeden Tag?

B: だれも　しません。 *Niemand.*

3. Fragen Sie Ihre Mitlernenden, wer von ihnen gestern zu den angegebenen Orten bzw. Veranstaltungen ging!

A: だれが　きのう　[いしゃ] に　いきましたか。

B: [わたし] が　いきました。/ [　　] さんと [　　] さんが　いきました。/だれも　いきませんでした。

【いしゃ, めいしゃ, はいしゃ】
【かいもの, しごと, 大学】
【こうえん, ぎんこう, はな屋, スーパー, デパート】
【えいが, ディスコ, りょこう, パーティー】

Schritt 2

からては　だれですか。 *Und Karate, wer macht das?*

Neue Wörter

Hiragana: けんどう　*Kendo* (japanische Fechtkunst)
いっしょに　*gemeinsam, zusammen*

Erklärungen

1. です
entspricht in sehr vielen Fällen dem deutschen *sein*, ersetzt im Japanischen jedoch auch oft ein anderes Verb, weil dieses nicht wiederholt werden soll, oder weil durch den Zusammenhang ohnehin eindeutig ist, worum es geht. Auf die Frage だれが　日本に　いきましたか。(*Wer ist nach Japan geflogen?*) wird deshalb sehr häufig wie folgt geantwortet: さのさんです。(*Frau Sano*). In diesem Fall ersetzt です sogar die Vergangenheitsform des Verbs. Bei der Antwort mit です fallen die Partikeln が, を und に aus.

Beispiel 4

A: きのう　何を　しましたか。 *Was haben Sie gestern gemacht?*
B: きのうは　しごとです。 *Gestern habe ich gearbeitet.*

Beispiel 5

A: けんどうは　だれが　しますか。 *Wer treibt Kendo?*
B: ささきさんです。/ささきさんが　します。
Frau Sasaki./ Frau Sasaki treibt Kendo.

A: では、からては　だれですか。 *Und wer macht Karate?*
C: (からては)　わたしです。
(Was Karate betrifft,) Ich bin es./Ich mache Karate.

Beispiel 6

A: さのさんは　どこに　いきましたか。
Wohin ist Frau Sano gefahren?

B: 東京です。/東京に　いきました。
Nach Tokio./Sie ist nach Tokio gefahren.

Beispiel 7

A: あした　いっしょに　えいがを　みませんか。
Wollen wir morgen gemeinsam einen Film sehen/ins Kino gehen?

B: すみません、あしたは　しごとです。
Es tut mir Leid, (aber) ich arbeite morgen.

Übungen

4. Erzählen Sie über sich selbst! Der erste Kursteilnehmer sagt, was er gern als Freizeitbeschäftigung macht. Danach sagen die anderen nach Möglichkeit mit です, was sie gerne machen.

A: わたしは　[テニス] を　します。
B: わたしは　[すいえい] です。

C: わたしは　[りょこう] に　いきます。
D: わたしは　[ディスコ] です。

E: わたしは　[すもう] を　みます。
F: わたしは　[　　　] です。usw.

5. Sie laden Ihren Übungspartner für morgen ein, gemeinsam etwas zu machen. Verwenden Sie beim Einladen die Wörter unten bei A und dazu passende Verben! Ihr Übungspartner hat aber etwas anderes vor (Siehe B), und antwortet mit です, warum er nicht kann.

A: あした　いっしょに　[えいが] を　みませんか。
B: すみません。あしたは　[しごと] です。

A:			
A:	えいが, パーティー, 日本語, テニス, しょくじ, おはなみ, からおけ, かいもの	に/を	みます, します, いきます, べんきょうします

B: 【しごと, べんきょう, テニス, パーティー, しみん大学, はいしゃ】

Schritt 3

だれの　本ですか。 Wessen Buch ist (das)?

Neue Zeichen

Hiragana:	ひ hin/Ich	ぴ Pilz
	び Bild	ぬ nuklear
Katakana:	シ Schiff (weicher)	ジ Jim (englischer Vorname)

Neue Wörter

Hiragana:
だれの *wessen, von wem*
わたしの *mein, von mir*
ともだち *Freund/in*
あれ *das dort*
どれ *welches*
さいふ *Portmonee*
いぬ *Hund*
えんぴつ *Bleistift*
きょうかしょ *Lehrbuch*
じしょ *Wörterbuch*
かさ *Regenschirm*
どなた höfliche Form von だれ
どなたの höfliche Form von だれの: *wessen, von wem*

Katakana:
コート *Mantel* (←coat, Englisch)
CD (シーディー) *CD*

Erklärungen

1. さのさんの　うち

の ist eine Partikel, mit der Besitz und sachliche Zugehörigkeit ausgedrückt werden können (→L 2 und 3). So bedeutet さのさんの　うち *Frau Sanos Haus/das Haus von Frau Sano* und わたしの　うち *mein Haus*. Ebenso wie mit dem deutschen Genitiv wird nicht immer wirklicher Besitz ausgedrückt, さのさんの　かいしゃ heißt also nicht unbedingt *die Firma, die Frau Sano gehört*, sondern auch *die Firma, bei der Frau Sano arbeitet*. Im Allgemeinen wird の als japanische Entsprechung für *von* verwendet. So bedeutet オットーさんの　せんせい etwa *der Lehrer von Otto*, しみん大学の　つくえ etwa *der Tisch der VHS*.

2. Das Substantiv hinter der Partikel の kann wegfallen, wenn es zuvor schon erwähnt wurde, vom Kontext her eindeutig ist oder durch eine Geste angedeutet wird (→Beispiel 9).

3. うちの

bedeutet ursprünglich *des Hauses* also *bei uns zu Hause*, wird jedoch sehr häufig im Sinne von *unser, mein* verwendet. So bedeutet うちの　いぬ sowohl *unser Hund* als auch *mein Hund* und うちの　かいしゃ *unsere Firma (wo ich arbeite)*.

4. どなた

ist die höfliche Form von だれ. Die Beispiele 9 und 10 werden mit どなた höflicher.

Beispiel 8

A: どなたですか。 *Wer ist (das)?*
B: いとうです。 *Ito.*

Beispiel 9

A: (Ein Portmonee hochhaltend)
だれのですか。
Wessen Portmonee ist dieses hier?/Wem gehört dieses Portmonee hier?
B: わたしのです。 *Mir./Es ist meins.*
C: いいえ、わたしの　さいふです。
Nein, das ist mein Portmonee.

Beispiel 10

A: これは　だれの　車ですか。 *Wessen Auto ist das hier?*
B: いしいさんのです。 *Das ist von Herrn Ishii.*
A: じゃ、あれは　だれのですか。 *Wessen ist das dort denn?*
B: どれですか。 *Welches denn?*
A: あれです。BMWです。 *Das da hinten. Der BMW.*
B: うちの　かいしゃのです。 *Es gehört unserer Firma.*

Beispiel 11

A: きのう　何を　しましたか。 *Was haben Sie gestern gemacht?*
B: ともだちの　うちに　いきました。
Ich habe einen Freund zu Hause besucht.

Zusammenfassung	
AのB	*B, das (zu) A gehört/betrifft*
わたしの　本	*mein Buch*
かいしゃの　車	*das Auto der Firma*

Hinweis für Übung 6:
a: その, b: Behrmann, c: いとう, d: いしい, e: Thomas

6. Wem gehört welches Auto? Siehe Hinweis Seite 67 unten!

A: [a] は　だれの/どなたの　車ですか。

B: [　　　] さんの（車）です。

a　　b　　c　　d　　e

7. Nach einer Party bei Frau Ide wollen die Gäste alle nach Hause gehen. Sie suchen ihre Regenschirme und Mäntel. Helfen Sie dabei und fragen Sie, wem welcher Regenschirm oder welcher Mantel gehört!

いで: [これ] は　だれの　かさですか。

さの: [それ] は　[　] さんのです。

a　　b　　c　　d

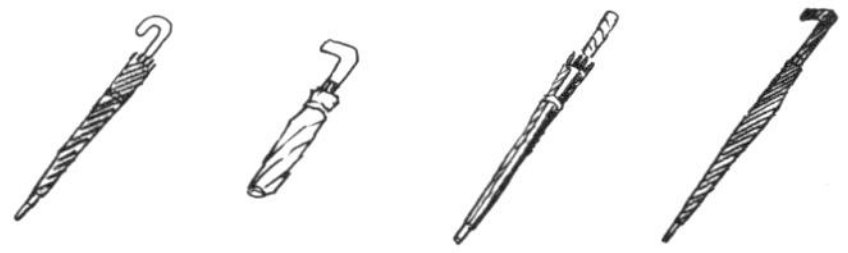

a　　b　　c　　d

8. Wer arbeitet in welchem Gebäude? Wem gehört das Haus? Sagen Sie, wer wo arbeitet bzw. wohnt!

Beispiel: [a] は [　] さんの　かいしゃ/うち etc. です。

a さかい　　b いしい　　c いで　　d やまだ　　e さの

Schritt 4

おげんきですか。 *Wie geht es Ihnen?*

Neue Zeichen

Hiragana:

ろ	**Lo**tte	かあ	**Ka**ter (langes か)
よう	**Yo**ga (langes よ)	れい	**Lä**hmung (langes れ)

Neue wörter

Hiragana: こんにちは *Guten Tag!*
げんき (な) *gesund*
げんきじゃない *nicht gesund* (=げんきではない)
おかあさん *(Ihre) Mutter*
どうも *Danke (schön), Entschuldigung!*
Auf Wiedersehen! (ursprünglich: *viel, sehr*)
よろしく Redewendung: *Ich freue mich, Sie kennen zu lernen./ Ich hoffe, dass wir weiter in Verbindung bleiben.*

Erklärungen

1. お in おげんきですか
ist ein Präfix zum Ausdruck der Höflichkeit (→Lektion 3, Schritt 2). Man verwendet es nur in der direkten Anrede, niemals in Bezug auf sich selbst oder seine eigene Familie.

2. おげんきですか
ist eine häufig gebrauchte Redewendung. Wenn es einem gut geht, antwortet man mit げんきです. Wenn man sich schlecht fühlt, könnte man auch die Verneinungsform von げんきです verwenden, also (あまり) げんきじゃないです (*es geht mir nicht (so) gut*), allerdings ist eine positive Antwort wie げんきです oder はい、どうも auch in Japan üblicher als ein ehrlicher Bericht über die eigene Gesundheit. Es ist eine der typischen formellen Redewendungen zur Eröffnung eines Gesprächs.

Beispiel 12

いで: こんにちは。おげんきですか。
Guten Tag! Wie geht es Ihnen?
カイ: はい、げんきです。*Danke, gut.*
せんせいも おげんきですか。 *Und wie geht's Ihnen (Frau Ide)*
いで: はい、げんきです。*Danke, gut.*
おかあさんも おげんきですか。
Und Ihrer Mutter?/Wie geht es ihr?
カイ: はい、どうも。げんきです。 *Danke, ihr geht es gut.*

Übungen

9. Fragen Sie Ihre Übungspartner, wie es ihnen geht!

A: おげんきですか。
B: はい、げんきです。 [ ] さんも おげんきですか。etc.

Über Japan日本 und Japanisch日本語

Grußwörter:

おはようございます。	*Guten Morgen!*
こんにちは。	*Guten Tag!*
こんばんは。	*Guten Abend!*
さようなら。	*Auf Wiedersehen!/Leben Sie wohl!*
では　また。	*Auf Wiedersehen!/Bis bald!*
じゃ　また。	*Tschüs!*
また　あした。	*Bis morgen!*
おやすみなさい。	*Gute Nacht!*
はじめまして。	*Angenehm! Sehr erfreut!*
どうぞ　よろしく。	*Ich freue mich, Sie kennen zu lernen!*
どうも。	*Entschuldigung!/Danke schön!/Es tut mir Leid./Ich verabschiede mich.*
しつれいします。	*Ich verabschiede mich./Ich komme herein.*

Dialog 8

さの: こんにちは。おげんきですか。
Keller: はい、げんきです。
さのさんも、おげんきですか。
さの: ええ。どうも。げんきです。
Keller: さのさん、あさって　うちに
きませんか。パーティーを　します。
さの: だれが　きますか。
Keller: カイさんと　オットーさんと
いしいさんが　きます。
いでせんせいも　きます。
さの: そうですか。さかいさんは。
Keller: さかいさんは　きません。でも
さかいさんの　ともだちが　きます。
さの: だれですか。
Keller: おおたさんと　いとうさんです。
さの: いとうさんは　わたしの
ともだちです。じゃ、わたしも
いきます。
Keller: じゃ、また　あした　でんわします。
さの: はい。じゃ、また　あした。
Keller: じゃ、どうも。

Lektion
九課
（きゅうか）

9 Vorschläge (2)

Schritt 1

おひさしぶりです。 *Lange nicht gesehen!*

Neue Zeichen

Hiragana:	ひ	**ich** (wenn der Akzent des Wortes nicht auf ひ steht, z.B. ひさしぶり) sonst **hin**		
Katakana:	ン	A**n**frage	マ	**Ma**nn

Neue Wörter

Hiragana: ひさしぶり (Redewendung) *Lange nicht gesehen/gehört!/ Schön, Sie wieder zu sehen/von Ihnen zu hören!*
もしもし *Hallo!* (am Telefon)
おたく *Haus* (von jemandem, dem der Sprecher Respekt bezeugt) →うち *Haus, mein Haus*

Katakana: トーマス *Thomas*
トーステン *Thorsten*
ベアマン *Behrmann*

Erklärungen

1. おひさしぶりです。
お ist hier, ebenso wie bei おげんきですか, ein Präfix zum Ausdruck der Höflichkeit (→Lektion 3, Schritt 2). Es wird nur in der direkten Anrede, niemals in Bezug auf die eigene Person verwendet.

2. すみませんでした
ist zwar die Vergangenheitsform vonすみません, bedeutet jedoch nicht *Es tat mir Leid*, sondern *Es tut mir Leid (, dass ich etwas Falsches/Schlechtes/ Dummes ... gemacht habe/ dass Sie so viel für mich tun (mussten)!* In der Umgangssprache verwendet man すみません auch häufig anstelle von ありがとう(ございます), also im Sinne von *Danke*.

Beispiel 1

トーステン: もしもし、トーステンです。 *Hallo, hier ist Thorsten.*
たなか: もしもし、たなかです。おひさしぶりです。
Hallo, hier ist Tanaka. Lange nicht gehört!

Beispiel 2

トーマス: もしもし、さのさんの　おたくですか。
Hallo! Ist das bei Frau Sano?
おおた: いいえ。おおたです。 *Nein. (Hier spricht) Ota.*
トーマス: あ、どうも　すみませんでした。 *Entschuldigung!*

Übungen

1. Grüßen Sie telefonisch Ihre Übungspartner!
A: もしもし、 [ベアマン] です。おひさしぶりです。
B: あ、 [ベアマン] さん、おひさしぶりです。おげんきですか。
A: はい、げんきです。 [ ] さんも おげんきですか。usw.

Schritt 2

いい おてんきですね。 *Es ist schönes Wetter, nicht wahr?*

Neue Zeichen

Katakana:	ロ Lotte
Kanji:	人 ひと/じん: *Mensch* Allein wird es ひと gelesen, in Kombination mit Volks- oder Ländernamen liest man じん, z.B. 日本人, ドイツ人(→Lektion2)
	大 おお/だい: *groß* Lesung hier in 大きい: おお・きい (おお: langes お, also wie おう) (→Lektion 4, 大学: だいがく)
	小 ちい/しょう: *klein* Lesung hier in 小さい: ちい・さい (ちい: langes ち)

Neue Wörter

Hiragana: てんき *Wetter*; wird oft mit dem Höflichkeitspräfix お benutzt
おもしろい *interessant; lustig*
むずかしい *schwierig, schwer, kompliziert*
ふるい *alt* (nicht für Menschen), *altmodisch*
まち *Stadt* (gelegentlich auch Stadtteil)
くに *Staat, Land*
よ Partikel zur Betonung (→Erklärung 3)
よくない Verneinungsform des Adjektives いい(→Erklärung 6)
とても *sehr*
Katakana: シドニー *Sydney*
パリ *Paris*
ロンドン *London*
Kanji:*P 大阪 (おおさか) : die zweitgrößte Stadt Japans (阪: Passiv lernen)

Erklärungen

1. おてんき
お ist hier Höflichkeitspräfix. Dieses お ist nicht direkt auf den Gesprächspartner bezogen, sondern lässt allgemein den ganzen Satz höflicher erscheinen.

2. いい おてんき
Die Form der い-Adjektive als Attribut vor einem Substantiv ist unveränderlich.

3. いいですよ
Mit der Partikel よ am Ende des Satzes betont man eine Tatsache, ein Urteil

oder die eigene Meinung, wenn der Gesprächspartner nicht informiert, anders eingestellt oder anderer Meinung ist. Dagegen wird die Partikel ね verwendet, wenn man Zustimmung sucht oder selbst dem Gesprächspartner zustimmt. Achten Sie auf die Satzmelodie Ihres Lehrers (→Lektion 6, Schritt 4 für ね).

4. いいえ、おもしろいですよ。

Um der Aussage oder Frage des Gesprächspartners zu widersprechen bzw. sie zu verneinen, verwendet man im Japanischen いいえ, egal ob die Aussage oder Frage in einem negativen oder positiven Satz gemacht wurde. いいえ bedeutet also *Das stimmt nicht, was Sie sagen.* und bezieht sich nicht auf den objektiven Sachverhalt (→C, D in Beispiel 8), während はい bzw. ええ *Das stimmt, was Sie sagen.* bedeutet. Somit bedeuten die Antworten ええ、おもしろくないですね *Nein, es ist nicht interessant* (→B in Beispiel 8) und いいえ、おもしろいですよ *Doch, es ist interessant* (→C in Beispiel 8).

5. とても～

Im Allgemeinen wird ein Adverb wie とても unmittelbar vor dem Bezugswort verwendet.

6. よくない

Im Japanischen gibt es zwei Gruppen von Adjektiven: die eine ist die Gruppe der い-Adjektive, deren Wörterbuchform immer mit い endet. Von einem い-Adjektiv wird die Verneinungsform gebildet, indem man い durch くない ersetzt. Die Ausnahme ist die Verneinungsform des Adjektives いい *gut, schön*: よくない.

Die zweite Gruppe sind die な-Adjektive, deren Verneinungsform, wie wir bereits in Lektion 8 gesehen haben, mit じゃないです gebildet wird.

7. どう

どうですか im Beispiel 9 ist eine normale Frage nach dem Zustand: *wie ist das?* Die höfliche Form: いかがですか (→Lektion 7 für どう als Einladung).

Zusammenfassung

Die Verneinungsform der い-Adjektive

大き<u>い</u>	→	大き<u>くない</u>
おもしろ<u>い</u>	→	おもしろ<u>くない</u>
小さ<u>い</u>	→	小さ<u>くない</u>
むずかし<u>い</u>	→	むずかし<u>くない</u>
ふる<u>い</u>	→	ふる<u>くない</u>
Ausnahme: いい	→	よ<u>くない</u>

Beispiel 3

A: いい　おてんきですね。　さんぽを　しませんか。
Schönes Wetter, nicht wahr? Wollen wir nicht spazieren gehen?

B: いいですね。 *Ja, gerne!*

Beispiel 4

いしい: ベアマンさんは　いい　かたですね。
Herr Behrmann ist ein netter Mensch, nicht wahr?
Keller: そうですね。いい　人ですね。*Ja. Er ist ein netter Mensch.*

Beispiel 5

A: 大阪大学は　いい　大学ですね。
Die Osaka Universität ist eine gute Universität.

B: そうですね。いい　大学ですね。
Das stimmt. Sie ist eine gute Universität.

Übungen

2. Stimmen Sie allen Urteilen Ihres Übungspartners zu! Verwenden Sie dabei die unten aufgeführten Adjektive und Begriffe!

A: [東京] は　[大きい]　[まち] ですね。
B: そうですね。[大きい]　[まち] ですね。
[大阪] も　[大きい]　[まち] ですね。
A: そうですね。[大きい]　[まち] ですね。
[シドニー] も　[大きい]　[まち] ですね。
【東京, 大阪, シドニー, ドイツ, 日本, 東京大学, "Faust", "007", ベアマン, さのさん, Sony etc. 】
【大きい, おもしろい, いい, 小さい】
【まち, くに, 大学, 本, えいが, 人, かいしゃ】

Beispiel 6

ベアマン: おりがみは　むずかしいですね。
Das Origamifalten ist schwer.

さの: そうですか...。 *Ach so? (Meinen Sie?)*
むずかしくないですよ。*Das ist doch nicht schwer.*

Beispiel 7

A: パリは　いい　まちですね。
Paris ist eine schöne Stadt!

B: そうですか。あまり　よくないですよ。
/あまり　いい　まちじゃ　ないですよ。
Meinen Sie? Sie ist nicht so schön./Sie ist keine (besonders) schöne Stadt.

C: いいえ、とても　いいですよ。
Das stimmt nicht. Sie ist sehr schön!

Beispiel 8

A: 大阪は　おもしろくないですか。*Ist Osaka nicht interessant?*
B: ええ、おもしろくないですね。*Das stimmt. Es ist nicht interessant.*
C: いいえ、おもしろいですよ。*Das stimmt nicht. Es ist interessant.*
D: いいえ、おもしろくないですよ。*Nein. Es ist nicht interessant.*

Lektion 9
九課
(きゅうか)

Beispiel 9

A: ドイツは　どうですか。
Wie ist es in Deutschland?/Wie finden Sie Deutschland?

B: とても　おもしろい　くにです。
Es ist ein sehr interessantes Land.

Übungen

3. Nennen Sie ein Buch oder einen Film, das bzw. den Sie interessant finden. Ihr Übungspartner widerspricht Ihrem Urteil.

A: 「Faust」は　[いい]　[本] ですね。
B: そうですか...。[よくない] ですよ。
【おもしろい, むずかしい, いい】　【本, えいが】

4. Widersprechen Sie Ihrem Übungspartner! Verwenden Sie dabei die unten aufgeführten Wörter!

A: [東京] は　[おもしろい] まちですね。
B: そうですか。[おもしろくない] ですよ。
C: いいえ、[おもしろい] ですよ。
【東京, 大阪, シドニー, パリ, ロンドン etc. 】
【おもしろい, 大きい, 小さい, いい, ふるい】

5. Ihr Übungspartner sagt seine Meinung zu den unten genannten Begriffen. Widersprechen Sie ihm mit いいえ!

A: [日本] は　[おもしろい] ですね。
B: いいえ、[　　] ですよ。
A: 【日本, スイス, オーストリア, ドイツ, しみん大学, じゅうどう, 日本語, ドイツの　さかな屋, フランスの　車, 日本の　車, スイスの　まち, オーストリアの　おんがく, スイスの　ぎんこう, ドイツの　いしゃ, からおけ, とざん】
B: 【おもしろい, おもしろくない, いい, よくない, 大きい, 小さい】

6. Fragen Sie Ihren Lehrer, ob die unten genannten japanischen Städte interessant, sehenswürdig, groß, klein oder schön sind!

Sie: [大阪] は　[ふるい] まちですか。
せんせい: はい、[ふるい] (まち) です。
/いいえ、[ふるくない] です。

さっぽろ, せんだい, なりた, 東京, かまくら, ながの, かなざわ, なごや, たかやま, 大阪, きたきゅうしゅう, きょうと, なら

【ふるい, おもしろい, 小さい, いい, 大きい】

Schritt 3

大阪から　ちちが　きます。

Mein Vater kommt aus Osaka (zu Besuch).

Neue Zeichen

Hiragana:	ひょ Echo	びょ byo (als ein Laut)	びょう langes びょ
Katakana:	ル Luise		

Neue Wörter

Hiragana:
- ちち — *(mein) Vater* (→Erklärung 1)
- おとうさん — *Vater*; auch als Anrede für den eigenen Vater
- らいげつ — *nächsten Monat*
- から — *aus, von* (örtlich); *ab, von* (zeitlich)
- びょうき — *Krankheit*
- それ — *das* (im Gespräch zuvor Gesagte)
- どうぞ — *bitte* (aber nicht im Sinne von *nichts zu danken*)
- おだいじに — Redewendung (zu einem, der oder dessen Angehöriger krank ist): *Gute Besserung!/Alles Gute!*

Katakana:
- ベルリン — *Berlin*

Erklärung

1. 〜から

から ist eine Partikel, die den örtlichen Ausgangspunkt, aber auch den zeitlichen Anfangspunkt einer Handlung oder eines Zustandes markiert. 日本から bedeutet also *von/aus Japan*, らいげつから dagegen heißt *ab nächsten Monat.*

2. ちち und おとうさん

ちち und おとうさん bedeuten beide *Vater*, werden aber wie はは und おかあさん unterschiedlich verwendet. ちち ist normalerweise *mein Vater* und wird sonst wie はは nur in bestimmten Dokumenten/Formularen oder in der Amtssprache gebraucht. Dagegen verwendet man おとうさん für den Vater anderer Personen, z.B. in たなかさんの　おとうさん (*Herrn Tanakas Vater*, bzw. *Ihr Vater*). おとうさん wird außerdem für den eigenen Vater und oft auch für den Vater anderer Personen als Anrede benutzt.

3. ははは　ちょっと…。

Wörtlich übersetzt heißt dieser Satz lediglich *Meine Mutter (ist) ein bisschen....* Oft unterbricht man im Japanischen einen Satz mit ちょっと, wenn man keine genauere Angabe machen möchte/kann, oder wenn man auf das Thema nicht weiter eingehen will bzw. es für das weitere Gespräch für nicht geeignet hält. Aus dem Kontext heraus kann man jedoch vermuten, was wirklich gemeint ist. Im Beispiel 12 soll der unvollendete Satz ははは　ちょっと　びょうきです heißen. Die Partikel は führt das Thema des Satzes (はは : meine Mutter) ein, und dann sollte die wichtigste Information びょうき (*Krankheit*) mit です anstatt des eigentlichen Verbs (z.B. leiden) folgen: *Was meine Mutter betrifft, (leidet sie) ein bisschen (an einer) Krankheit./Meine*

Mutter ist (ein bisschen) krank (→Lektion 7, Schritt 2 für ちょっと).

4. それは　どうも．．．。

それは (Beispiel 8) greift die zuvor erhaltene Information（ははは　ちょっと．．．（びょうきです））wieder auf. Auch dieser Satz wird nach どうも abgebrochen, die eigentliche Aussage (in etwa: *Das tut mir sehr Leid.)* bleibt unausgesprochen (→Lektion 8, Schritt 4 für どうも).

Beispiel 10

A: おとうさんの　おしごとは。
Was ist Ihr Vater von Beruf?

B: ちちは　大学の　せんせいです。
Mein Vater ist Hochschullehrer.

Beispiel 11

A: 東京から　ちちが　きます。
Mein Vater kommt aus Tokio (zu Besuch/hierher).

B: そうですか。おかあさんは...。
Ist das wahr? Und Ihre Mutter?

A: ははは　きません。
Meine Mutter kommt nicht.

Beispiel 12

A: おとうさんは　おげんきですか。 *Wie geht es Ihrem Vater?*

B: はい、ちちは　とても　げんきです。
Danke, meinem Vater geht es sehr gut.
でも、ははは　ちょっと...（びょうきです）。
Aber meine Mutter ist ein bisschen...(krank).

A: そうですか。それは　どうも...。どうぞ、おだいじに。
Ist das wahr? Das ist aber... (nicht schön)./Es tut mir Leid.
Gute Besserung!/Bitte sagen Sie ihr gute Besserung!

Übungen

7. Sagen Sie Ihrem zweiten Übungspartner, was der erste gesagt hat!

いで: あした　ちちが　きます。
→あした　いでさんの　おとうさんが　きます。

a. 東京から　ちちが　きます。→
b. ちちは　せんせいです。→
c. ははは　テニスを　します。→
d. ははが　ベルリンに　いきます。→
e. ちちは　あした　しごとに　いきます。→
f. ははは　ときどき　ドイツの　本を　よみます。→
g. ともだちは　オーストリア人です。→

8. Welche Antwort oder Bemerkung in der linken Spalte passt zu welcher Frage oder Aussage der rechten Spalte?

A: a. らいげつ　ははが　きます。→*B*: 7. そうですか。それは　いいですね。

a. らいげつ　ははが　きます。	1. そうですか。それは　ざんねんですね。
b. えいがを　みませんか。	2. そうですか。いい　おしごとですね。
c. ちちは　はいしゃです。	3. そうですか。ベルリンは　おもしろいまちですね。
d. あしたは　しごとです。	4. そうですか。それは　どうも....どうぞ　おだいじに。
e. あさって　かいものにいきませんか。	5. そうですね。日本の　えいががいいですね。
f. ちちは　びょうきです。	6. すみません。あさっては　ちょっとむりです。
g. ははは　ベルリンからきます。	7. そうですか。それは　いいですね。

Schritt 4

さのさんは　ドイツ語が　できます。

Frau Sano kann Deutsch.

Neue Zeichen

Katakana:

ラ	**La**mm (vgl. Tabelle Hepburnumschrift)				
フ	**Hu**mor	ブ	**Bu**merang	プ	**pu**blik

Neue Wörter

Hiragana: できます　*können* Wörterbuchform: できる
できません *nicht können*; die Verneinungsform von できます
うんてん　*Autofahren*
うんてんする: *Auto fahren*

Katakana: フランス　*Frankreich* (←France)
スペイン　*Spanien* (← Spain)
オラフ　*Olaf*

Erklärungen

1. できます

bedeutet *können* oder *fähig sein.* Das Objekt wird nicht wie sonst durch を, sondern durch が markiert. からてが　できます bedeutet also *Ich kann Karate* und からてが　できません bedeutet *Ich kann Karate nicht*. Wenn das Objekt verneint oder ein Gegensatz ausgedrückt werden soll, wird die Partikel が oft durch は ersetzt. フランス語は　できません。ドイツ語は　できます。*Französisch kann ich nicht. Aber Deutsch kann ich.*

Beispiel 13

オラフは　ドイツ人です。でも　ドイツ語が　できません。

Olaf ist Deutscher. Aber er kann kein Deutsch.

Lektion 9
九課
(きゅうか)

Beispiel 14

いで:　フランス語は　できますか。*Können Sie Französisch?*
やまだ:はい、できます。いでさんは。
Ja, (das) kann ich. Und Sie, Frau Ide?

いで:　わたしは　(フランス語は)　できません。
Französisch kann ich nicht.
でも　英語と　スペイン語は　ちょっと　できます。
Aber Englisch und Spanisch kann ich ein bisschen.

Beispiel 15

A: 日本りょうりが　できますか。
Können Sie japanisches Essen kochen?

B: いいえ、日本りょうりは　にがてです。でも　ドイツりょうりと　フランスりょうりが　できます。スペインりょうりも　できます。
Ich kann nicht so gut japanssch kochen. Aber ich kann deutsch und französisch kochen. Auch spanisch kann ich kochen.

Übungen

9. Fragen Sie Ihre Übungspartner, welche von den unten aufgeführten Tätigkeiten sie oder ihre Eltern (ein bisschen) können, und welche sie nicht (so gut) können!

A: [　　　] さんは　[フランス語] が　できますか。
B: はい、(ちょっと) できます。/いいえ、(あまり) できません。
A: [スペイン語] は　できますか。usw.

A:【フランス語, スペイン語, 日本語, うんてん, からおけ, おりがみ, ドイツりょうり, 日本りょうり, フランスりょうり, スペインりょうり】

10. Sehen Sie sich die Weltkarte von Lektion 1, Übung 11 an und fragen Sie Ihre Übungspartner, ob er/sie die Sprache eines Landes beherrscht, und ob er/sie ein typisches Gericht dieses Landes kochen kann!

A: [フランス] は　[大きい] くにですね。
B: そうですね。[フランス語] が　できますか。
A: いいえ、できません。/ はい、(ちょっと) できます。

【大きい, 小さい, おもしろい, いい etc.】

Schritt 5

オペラを　ききましょう。 *Lasst uns eine Oper hören.*

Neue Zeichen

Katakana: ウ Uniform

Neue Wörter

Hiragana: のみます *trinken.* Wörterbuchform: のむ
たべます *essen.* Wörterbuchform: たべる
すぐ *gleich, sofort* (Adverb)
Katakana: オペラ *Oper*
ウーテ *Ute*

Erklärungen

1. ききましょう
Die Verben in ～ましょう-Form werden verwendet, um die Empfehlung oder Aufforderung für die Gesprächsbeteiligten zu einer gemeinsamen Handlung (z. B. Lasst uns gehen.) oder eine Entscheidung für die Zukunft (Wir sollen gehen. /Ich werde gehen.) auszudrücken. In einem Fragesatz mit ～ましょうか wird dann nach der Meinung des Gesprächspartners über eine Handlung des Sprechers oder ein gemeinsames Vorhaben gefragt, während es sich bei einer Frage mit ～ませんか nicht immer um eine gemeinsame Handlung handelt:
くるまを　かいませんか。(*Wollen Sie nicht ein Auto kaufen?*)

Beispiel 16

A: おちゃを　のみましょうか。 *Wollen wir Tee trinken?*
B: そうですね。のみましょう。 *Ja. Lasst uns (welchen) trinken.*

Beispiel 17

A: わたしが　うんてんしましょうか。
Soll ich fahren?/Wollen Sie, dass ich fahre?

B: いいえ、わたしが　うんてんしましょう。
Nein, ich werde fahren./Lassen Sie mich fahren!

Beispiel 18

A: 何を　たべましょうか。 *Was wollen wir essen?*
B: フランスりょうりを　たべましょう。
Lasst uns französisch essen!

Beispiel 19

A: じゃ、いきましょうか。あ、ウーテさんは。
Wollen wir nun gehen. Ach, (wo ist) (Frau) Ute?
B: ウーテさんは　すぐ　きます。*Sie kommt gleich.*

11. Sie haben vor, morgen mit allen Kursteilnehmern einen Ausflug zu machen. Entscheiden Sie gemeinsam, wohin Sie fahren und was Sie sehen wollen! Wenn Sie von dem Ausflug zurück sind, wollen Sie auch noch zusammen essen gehen. Entscheiden Sie, was Sie essen wollen!

A: あしたは　[　　　] に　いきましょう。
　　　　　/ [　　　] を　みましょう。
　　　　　/ [　　　] を　たべましょう。
B: そうですね…。でも　あしたは　[　　　] に　いきましょう。
　　　　　　　　　　　　　　　/ [　　　] を　みましょう。
　　　　　　　　　　　　　　　/ [　　　] を　たべましょう。
C: そうですか。でも　あしたは　[　　　] に　いきましょう。
　　　　　　　　　/ [　　　] を　みましょう。 usw.
　　　　　　　　　/ [　　　] を　たべましょう。
D: そうですね…。でも　あしたは　[　　　] に　いきましょう。
....
Z: じゃ、[　　　] に　いきましょう。
　　　/ [　　　] を　みましょう。
　　　/ [　　　] を　たべましょう。

12. Sehen Sie die Tabelle rechts an und stellen Sie sich gegenseitig Fragen!

A:【さかい】さんは　きますか。
B: すぐ　きます。
A:【さの】さんは。
B:【さの】さんは　きません。
A:【たなか】さんは。
B:【たなか】さんも　きません。usw.

Wer gleich kommt:	Wer nicht kommt:
さかい	さの
いしい	たなか
カイ・トーマス	いで
オットー・ベアマン	いとう

Dialog 9

ベアマン: もしもし。
ベアマン です。
おはようございます。

いしい : おはようございます。
おひさしぶりです。
おげんきですか。

ベアマン: はい、げんきです。
きょうはいいおてんきですね。

いしい : そうですね。

ベアマン: いっしょにさんぽをしませんか。

いしい : さんぽですか。いいですね。

ベアマン: じゃ、わたしがおたくに
いきましょうか。

いしい : いいですか。

ベアマン: はい、すぐいきます。

***

いしい : らいげつ、大阪からちちがきます。

ベアマン: そうですか。 おかあさんは…。

いしい : ははきません。

ベアマン: そうですか。それはざんねんですね。
…おとうさんは、ドイツ語は。

いしい : ドイツ語はあまりできません。
でも、よくドイツのオペラをききます。

ベアマン: そうですか。じゃ、いっしょに
オペラをみませんか。

いしい : それはいいですね。
みましょう。

Lektion
十課
(じっか)

10 Sich verabreden

Schritt 1

くろさわの　えいがです。 *Das ist ein Film von Kurosawa.*

Neue Zeichen

Katakana:

ケ	**Ke**ller	ゲ	**Ge**nf

Neue Wörter

Hiragana: え　*Bild*
すき　(な-Adjektiv) すきです *mögen* oder *lieben* (→Erklärung 3)

Katakana: ゲーテ　*Goethe*
トーマス・マン *Thomas Mann*
マッケ　*Macke*
バッハ　*Bach*
ベートーベン *Beethoven*

Erklärungen

1. くろさわの　えいが

の ist die Partikel, mit der der Produzent, Filmemacher, Schriftsteller, Tänzer, Komponist, Musiker (Künstler allgemein), Hersteller, Aussteller oder Herausgeber usw. aufgeführt wird. AのB bedeutet: *von A gemachtes/produziertes B*, z.B. ゲーテの　本 (*ein von Goethe geschriebenes Buch*), マッケの　え (*ein von (August) Macke gemaltes Bild*) , バッハの　おんがく (*die von Bach komponierte Musik*).

2. さかいさんの　本

bedeutet sowohl *ein von Herrn Sakai geschriebenes Buch* als auch *ein Buch, das Herrn Sakai gehört* (→Lektion 3, Schritt 1). Wie bei の für Zugehörigkeit, fällt auch bei の für den Produzenten sehr oft das folgende Substantiv aus, wenn es zum zweiten Mal erwähnt wird.

3. ～が　すきです

すき ist ein な-Adjektiv, wird jedoch ins Deutsche oft mit den Verben *lieben/mögen* übersetzt. Das Akkusativobjekt wird wie bei できます mit der Partikel が markiert.

わたしは　本が　すきです。 *Ich mag Bücher./Ich lese gern Bücher.*
本は　あまり　すきじゃないです。
Ich mag Bücher nicht besonders./Ich lese Bücher nicht so gern.

4. トーマス・マンです

Hier wird die neue Information mit です erteilt, obwohl die Satzstruktur der zugrunde liegenden Frage eine andere war (→Beispiel 2).

5. はい/いいえ
Als Antwort auf eine negative Frage bedeutet はい oft nein, und いいえ doch (→Beispiel 3. Auch Erklärung 4 in Lektion 9, Schritt 2).

Beispiel 1

A:「どですかでん」は　だれの　えいがですか。
Wessen Film ist "Dodesukaden"?/Wer hat den Film gemacht?

B: くろさわあきらの　えいがです。
Es ist ein Film von Akira Kurosawa.

Beispiel 2

A: だれの　本が　おもしろいですか。
Wessen Bücher sind interessant?

B: トーマス・マンの　本が　おもしろいです。/
トーマス・マンです。
Die Bücher von Thomas Mann sind interessant./ (Von) Thomas Mann.

Übungen

1. Wissen Sie, wer die Autoren der unten aufgeführten Bücher sind? Wenn Sie nicht sicher sind, fragen Sie einen anderen Kursteilnehmer!

A: [　　　] は　だれの　本ですか。
B: [　　　] の　本です。

【Anna Karenina, Tom Sawyer, Tonio Kröger, Faust, Macbeth, Wilhelm Tell, Les Misérables】

2. Fragen Sie einen anderen Kursteilnehmer, wessen Filme er für interessant hält!
A: [　　　] さん、だれの　えいがが　おもしろいですか。
B: [　　　] (の　えいが) が　おもしろいです。

3. Fragen Sie Ihren Übungspartner, wessen Bücher er für interessant hält!
A: だれの　本が　おもしろいですか。
B: [ゲーテ] の　本が　おもしろいです。/ [ゲーテ] です。

Beispiel 3

A: わたしは　東京が　すきです。 *Ich mag Tokio.*
B: 大阪は　すきじゃないですか。 *Mögen Sie Osaka nicht?*
A: いいえ、すきですよ。/はい、すきじゃないです。
***Doch**, ich mag es auch. / **Nein**, ich mag es nicht.*

Beispiel 4

A: バッハは　すきですか。
Mögen Sie Bach?

B: はい。でも　ベートーベンも
すきです。
Ja. Aber Beethoven mag ich auch.

Übungen

4. Fragen Sie Ihren Übungspartner, wessen Bilder er mag!

A: だれの　えが　すきですか。

B: [　　　　] の　えが　すきです。

5. Fragen Sie Ihren Übungspartner, ob er bestimmte Musiker oder Komponisten mag!

A: [ハイドン] は　すきですか。
B: いいえ、あまり　すきじゃないです。/はい、すきです。

Schritt 2

何時ですか。 *Wie spät ist es?*

Neue Zeichen

Hiragana:

ひゃ	Richard	

Kanji:

一	いち	*1*	時	じ	*Zeit, ～Uhr*
二	に	*2*	半	はん	*halb*
三	さん	*3*			

Neue Wörter

Hiragana: いま *jetzt*
ごぜん *Vormittag (0-12 Uhr)*
ごご *Nachmittag (12-24 Uhr)*
Katakana: ローマ *Rom*
Kanji: 何時 *wie viel Uhr/wie spät*

Zahlen

1：いち (一)	10 ：じゅう	30 ：さんじゅう
2：に (二)	11 ：じゅういち	40 ：よんじゅう
3：さん(三)	12 ：じゅうに	50 ：ごじゅう
4：よん／し	----	60 ：ろくじゅう
5：ご	20 ：にじゅう	70 ：ななじゅう
6：ろく	21 ：にじゅういち	80 ：はちじゅう
7：なな／しち	22 ：にじゅうに	90 ：きゅうじゅう
8：はち	23 ：にじゅうさん	100 ：ひゃく
9：きゅう／く	----	101 ：ひゃくいち

Uhrzeiten

1 Uhr :1 時　いちじ	6 Uhr : 6 時　ろくじ	11 Uhr :11 時 じゅういちじ
2 Uhr :2 時　にじ	7 Uhr : 7 時　しちじ	12 Uhr :12 時 じゅうにじ
3 Uhr :3 時　さんじ	8 Uhr : 8 時　はちじ	halb zwei: 1 時半(いちじはん)
4 Uhr :4 時　よじ	9 Uhr : 9 時　くじ	halb drei : 2 時半(にじはん)
5 Uhr :5 時　ごじ	10 Uhr :10 時　じゅうじ	

Erklärungen

1. ごぜん und ごご

ごぜん bedeutet normalerweise *vormittags*. Aber bei der Angabe der Uhrzeit wird ごぜん als Zusatz für alle 12 Stunden von Mitternacht bis Mittag (0–12 Uhr) verwendet. Entsprechend bedeutet ごご nicht nur *nachmittags*, sondern wird bei Zeitangaben zwischen 12 Uhr mittags und Mitternacht verwendet, z.B. in ごご　１時です。(*Es ist 1 Uhr nachmittags, also 13 Uhr*) (vgl. a.m. /p.m. im Englischen).

2. Über die Uhrzeit...

In der Umgangssprache zählt man die Stunden in der Regel von 0 bis 12 und gebraucht dazu ごぜん und ごご, um die Stunden vor und nach Mittag zu unterscheiden. In der Schriftsprache hingegen verwendet man die 24-Stunden-Zählung, z.B. １６時 (16 Uhr).

Beispiel 5

A: すみません。いま　何時ですか。
Entschuldigung! Wie spät ist es, bitte?

B: １１時です。　*11 Uhr.*

Beispiel 6

Keller: いま　ロンドンは　何時ですか。
Wie spät ist es jetzt in London, bitte?

さの: ごご　６時です。　*6 Uhr abends.*

Beispiel 7

日本は　いま　ごご　５時です。*In Japan ist es jetzt 5 Uhr abends.*
ドイツは　ごぜん　１０時です。
In Deutschland ist es 10 Uhr vormittags.

Übungen

6. Schreiben Sie die Zahlen in der Reihenfolge, wie Ihr Lehrer sie vorliest!

7. Wie spät ist es? Sehen Sie auf die Uhren und antworten Sie!

A: いま　何時ですか。
B: [３時] です。

Übungen

8. Wie spät ist es jetzt in den Städten verschiedener Länder? Sehen Sie sich die Weltkarte an und antworten Sie!
A: [ベルリン] は　いま　何時ですか。
B: [ごぜん　1時] です。

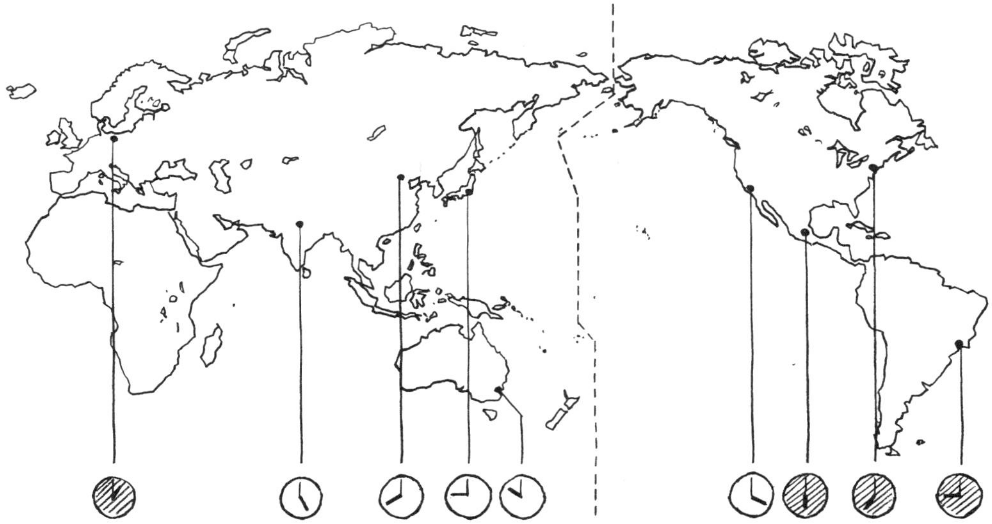

Schritt 3

しごとは　9時からです。 *Die Arbeit fängt um 9 Uhr an.*

Neue Zeichen

Katakana: サ Passant

Neue Wörter

Hiragana:	まで	*bis* (zeitlich, örtlich)
	きっと	*bestimmt, sicherlich*
	じゅぎょう	*Unterricht*
	びょういん	*Krankenhaus*
	ゆうびんきょく	*Post(amt).* (ゆう: langes ゆ)
	わかります	*verstehen*; Wörterbuchform: わかる
Katakana:	コンサート	*Konzert* (←concert, Englisch)

Erklärungen

1. ～から

から ist eine Partikel, mit der man den örtlichen oder zeitlichen Ausgangspunkt einer Handlung oder eines Zustandes markiert (→Lektion 9). So bedeutet 9時から *ab/von 9 Uhr.*

2. ～まで

Mit der Partikel まで kann man den zeitlichen und auch örtlichen Endpunkt ausdrücken.

3. 日本語の　じゅぎょう/バッハの　コンサート

Sehr viele japanische Substantive bilden mit の adjektivähnliche Phrasen. 日本語の じゅぎょう bedeutet einmal *Japanisch-Unterricht* und auch *Unterricht auf Japanisch.* 日本語の　本 bedeutet ähnlich sowohl *Japanischbuch* (auch wenn es auf Deutsch geschrieben ist, d.h. wenn es sich um die japanische Sprache handelt), als auch *ein Buch, das auf Japanisch geschrieben ist.* 日本語の　じゅぎょうを　します bedeutet *Ich gebe Japanisch-Unterricht.* バッハの　コンサート bedeutet *Bach-Konzert.*

4. わかりました

ist die Vergangenheitsform von わかります, bedeutet jedoch hier *Ich verstehe.* Die Verneinung von わかります wird jedoch nur in der Gegenwartsform ausgedrückt: わかりません (*Ich verstehe nicht*).

5. ～時からです

Wie oft erwähnt, wird です in Beispiel 8 bis 11 als Ersatz für verschiedene Verben z.B. *anfangen, öffnen, spielen etc.* verwendet.

Beispiel 8

A: パーティーは　ごご　２時からです。
Die Party ist ab 2 Uhr nachmittags./Die Party beginnt um 14 Uhr.

B: わかりました。 *Ich verstehe.*

Beispiel 9

A: びょういんは　何時までですか。
Bis wann ist der Schalter des Krankenhauses geöffnet?

B: ごご　６時までです。 *Bis 18 Uhr (geöffnet).*

Beispiel 10

A: ベートーベンの　コンサートは　何時からですか。
Um wie viel Uhr beginnt das Beethoven-Konzert?

B: ６時からです。 *Um 6 Uhr.*
きっと　いいですよ。 *Das ist bestimmt gut/schön!*

Übungen

9. Fragen Sie, um wie viel Uhr es anfängt und endet!

A: ［しごと］は　何時からですか。
B: ［６時　］からです。
A: 何時までですか。
B: ［ごご　３時　］までです。

【しごと，えいが，しみん大学，ゆうびんきょく，ディスコ，テニス，ゴルフ，パーティー，バッハの　コンサート，からおけパーティー】

Beispiel 11

A: ３時から　何を　しますか。 *Was machen Sie heute ab 3 Uhr?*
B: わたしは　３時から　日本語の　じゅぎょうです。
Von 3 Uhr an habe/gebe ich Japanisch-Unterricht.
C: わたしは　４時から　テニスです。/テニスを　します。
Ich spiele ab 4 Uhr Tennis.

Übungen

10. Antworten Sie auf folgende Fragen je nach den Anweisungen!
A: きょうは　［1時］から　何を　しますか。
B: ［1時］から　［しょくじ］です/［しょくじを　します］。

Schritt 4

７時に　ケラーさんに　あいます。

Um 7 Uhr treffe ich Frau Keller.

Neue Wörter

Hiragana: に　*um* (Uhrzeit)
あいます　*treffen;* ～に　あう: (Wörterbuchform) *jemanden treffen*
そう　*so*
そうする　*(Ich) tue es so./ Ich mache das.*
どこの　*aus/von welchem Ort, Verlag, Produzenten, welcher Firma etc; welche, -er, -es*
えいがかん　*Kino*
Katakana: オデオン　*Odeon* (hier der Name eines Kinos)
ベンツ　*Mercedes-Benz* (Firma und ihre Autos)
リルケ　(hier *Rainer Maria*) *Rilke*
テーマ　*Thema*
ケラー　(hier *Frau Barbara*) *Keller*

Erklärungen

1. ７時に
Die Partikel に drückt den bestimmten Zeitpunkt aus, an dem man etwas tut oder zu dem etwas geschieht.

2. ～さんに　あいます

Beim Verb あう verwendet man die Partikel に für die Person, die man trifft. Im Deutschen handelt es sich hierbei um ein Akkusativobjekt (jeman<u>den</u> treffen).

3. ～が　いいです

(→ Beispiel 13) Die Partikel が markiert das Subjekt des Satzes, wenn das Subjekt eine neue Information darstellt. Auch wenn das Subjekt ein Fragewort (z.B. どこの) enthält, wird die Partikel が hinter dem Subjekt verwendet (→ Lektion 8 Schritt 1).

4. どこ（の）

wird nicht nur verwendet, um nach dem Ort oder der Herkunft/Zugehörigkeit zu fragen. Sehr häufig kann man どこ（の）wie in den folgenden Beispielen auch als *welcher* wiedergeben.

Beispiel 12

A: どこの　えいがかんに　いきますか。 *In welches Kino gehen Sie?*

B: オデオンです。 *Ins "Odeon".*

Beispiel 13

A: どこの　車が　いいですか。 *Welches Auto ist gut?*

B: ＢＭＷが　いいです。 *BMW ist gut.*

Übungen

11. Lesen Sie die Fragen und beantworten Sie sie!

a) ベルンは　どこの　まちですか。
b) リルケは　どこの　人ですか。
c) どこの　じしょが　いいですか。
d) どこの　ディスコが　おもしろいですか。
e) どこの　車が　いいですか。

Beispiel 14

A: あした　ケラーさんに　あいませんか。
Wollen wir (nicht) morgen Frau Keller treffen?

B: ええ、そう　しましょう。 *Ja, lass uns das machen!*

A: 何時に　あいましょうか。 *Um wie viel Uhr wollen wir uns treffen?*

B: ８時半に　あいましょう。 *Lass uns um halb neun treffen!*

Beispiel 15

あさって　５時に　いとうさんに　あいます。
Übermorgen um 17 Uhr treffe ich Herrn Ito.

Übungen

12. Sehen Sie die Bilder unten an und sagen Sie, um wie viel Uhr morgen Herr Behrmann die jeweiligen Personen trifft! Z.B.:

ベアマンさんは　あした［９時］に　［さのさん］に　あいます。

さの　いで　トーマス　ケラー　いしい

Dialog 10

ケラー：　あした日本のえいがをみませんか。
さの　：　だれのえいがですか。
ケラー：　くろさわあきらのえいがです。
さの　：　日本語のえいがですか。
ケラー：　そうです。
さの　：　いいですね。みましょう。
　　　　　何時からですか。
ケラー：　8時からです。
さの　：　どこのえいがかんですか。
ケラー：　オデオンです。
さの　：　じゃ、7時半にオデオンに
　　　　　いきましょうか。
ケラー：　そうしましょう。
さの　：　じゃ、あした7時半に。
ケラー：　はい。じゃ、またあした。

Lektion
十一課
(じゅういっか)

11 Gefallen und Missfallen äußern

Schritt 1

何という　えいがですか。 *Wie heißt der Film?*

Neue Zeichen

Katakana:

ファ	**Fa**ll *	フィ	**Fi**nger *	フェ	**Fe**tt *
ミ	**Mi**ttwoch	ミュ	**My**thos	* Die Zähne berühren die Unterlippe nicht.	
メ	**Me**nsch	レ	**Le**ktion		

Neue Wörter

Hiragana:
と　Partikel für Zitat (→Erklärung1)
いう　*heißen, sagen*
　〜と　いう　*(das) heißt* 〜 (→Erklärung1)
あたらしい　*neu, frisch* (い-Adjektiv)
せんしゅう　*letzte Woche*
(お) しばい　*Theaterstück*

Katakana:
ファウスト　*Faust* (Drama von Goethe)
アメリカ　*Amerika* (←America, Englisch)
フィデリオ　*Fidelio* (Oper von Beethoven)
カルメン　*Carmen* (Oper von Bizet)
マイフェアレディ　*My Fair Lady* (Film-/Musicaltitel)
ミュージカル　*Musical* (←musical, Englisch)
ロシア　*Russland* (←Rossija, Russisch)
トルコ　*Türkei* (←Turco, Portugiesisch)

Erklärungen

1. 何という　〜ですか
entspricht etwa *wie heißt ...?* Z.B. bedeutet der Satz 何という　本ですか。 *Wie heißt das Buch?* Wörtlich: *Wie heißendes Buch ist es?*

Beispiel 1

A: せんしゅう　オペラを　みました。
Letzte Woche habe ich eine Oper gesehen.

B: 何という　オペラですか。 *Wie heißt das Stück?*
A: 「フィデリオ」です。 *"Fidelio" (heißt die Oper).*

Beispiel 2

A: ミュージカルに　いきませんか。 *Wollen wir ein Musical anschauen?*
B: 何という　ミュージカルですか。 *Wie heißt das Stück?*
A: 「マイフェアレディ」です。 *Es heißt "My Fair Lady".*
B: いいですね。いきましょう。 *Gut! Lasst/Lass uns gehen!*

Übungen

1. Tun Sie, als ob Sie letzte Woche einen Film, eine Oper, ein Theaterstück oder ein Musical gesehen hätten! Ihr Übungspartner fragt nach dem Titel. Antworten Sie mit Ihnen bekannten Titeln!

A: せんしゅう ［オペラ］を みました。/［オペラ］に いきました。
B: 何という ［オペラ］ですか。
A: ［フィデリオ］です。
【オペラ, えいが, おしばい, ミュージカル, コンサート】

2. Sagen Sie Ihrem Übungspartner Ihre Meinung über das Buch, die CD, das Video, das/die Sie gestern, vorgestern oder neulich gekauft haben!

A: きのう ［本］を かいました。
B: 何という ［本］ですか。
A: ［　　　　］です。とても［おもしろい］ですよ。
【おもしろい, いい, むずかしい, あたらしい】

3. Laden Sie Ihre Übungspartner in ein neues, ausländisches Restaurant ein! Wählen Sie ein Land und denken Sie sich einen dazu passenden Restaurantnamen aus! Ihr Übungspartner antwortet entweder, dass er gerne mitgeht oder dass das Restaurant nicht gut sei.

A: ［ドイツ］レストランに いきませんか。
B: 何という レストランですか。
A: ［　　　　］です。あたらしい レストランです。
B: いいですね。いきましょう。/
［　　　　］は あまり よくないですよ。
A:【ドイツ, フランス, イタリア, スペイン, ロシア, トルコ】

Schritt 2

ミュージカルは たのしかったです。

Das Musical war amüsant.

Neue Zeichen

Kanji: 山　やま: *Berg*

Neue Wörter

Hiragana:

たのしい	(い-Adjektiv) *fröhlich, erfreulich, amüsant*
たのしかった	Vergangenheitsform von たのしい
たいへん	(な-Adjektiv) *anstrengend, mühsam, schwierig, kompliziert, umständlich, schlimm*
にぎやか	(な-Adjektiv) *lebhaft*
しずか	(な-Adjektiv) *ruhig*
きれい	(な-Adjektiv) *schön, sauber* (れい: langes れ)
ゆうめい	(な-Adjektiv) *berühmt, bekannt* (めい: langes め)
はなし	*Geschichte, Erzählung, Story*
わすれます	*vergessen, liegen lassen, nicht mehr wissen* Wörterbuchform: わすれる

Katakana: ミュージックフェスティバル *Musikfestival*

Erklärungen

1. きれい

endet mit い, ist jedoch kein い-Adjektiv, sondern ein な-Adjektiv. Wie andere な-Adjektive bildet きれい mit な ein Attribut (→Beispiel 5).

Beispiele der な-Adjektive mit Bezugswörtern

げんき	げんきな	人	*(ein) gesunder/energischer Mensch*
きれい	きれいな	山	*(ein) schöner Berg*
たいへん	たいへんな	しごと	*(eine) mühsame Arbeit*
ゆうめい	ゆうめいな	本	*(ein) berühmtes Buch*
にがて	にがてな	さかな	*(ein) Fisch, den ich/er etc. nicht mag*

2. たいへんでした

Die Vergangenheitsform eines な-Adjektivs wird einfach aus der Wörterbuchform mit でした gebildet.

3. たのしかったです

い-Adjektive bilden die Vergangenheit nicht mit でした, sondern haben eine eigene Vergangenheitsform. Diese wird gebildet, indem man die Endung い durch かった ersetzt. Einzige Ausnahme ist die Vergangenheit von いい: よかった.

Bei höflicher Sprechweise (ます-Stil) wird die so gebildete Vergangenheitsform zusammen mit です verwendet: よかったです。*Es war gut.*

4. 日本語は〜、はなしは〜

Um zwei Sätze mit verschiedenen, gleichwertigen Subjekten gegenüber zu stellen, verwendet man für die beiden Subjekte die Partikel は (→Beispiel 6).

5. むずかしかったですが...

Die Konjunktionspartikel が entspricht etwa dem deutschen *aber/doch*, steht aber am Ende des ersten Satzes und leitet einen inhaltlich entgegegesetzten zweiten Satz ein und verbindet die beiden Sätze zu einem Satzgefüge; anders als die Konjunktion でも (→ Lektion 4) , die am Anfang des zweiten, neuen Hauptsatzes steht. Der Satz mit が ist formeller als der mit でも (vgl. ざんねんですが →Lektion7).

日本語は　むずかしいですが、おもしろいです。
Japanisch ist schwierig, aber (es) ist interessant.

日本語は　むずかしいです。でも　おもしろいです。
Japanisch ist schwierig, aber (es) ist interessant. (umgangssprachlich)

Beispiel 3

A: しごとは　どうでしたか。 *Wie war Ihre Arbeit?*
B: たいへんでした。 *Sie war schwer/anstrengend.*
A: そうですか。 *Wirklich?*

Beispiel 4

A: おととい　たなかさんに　あいました。
Vorgestern habe ich Frau Tanaka getroffen.
B: そうですか。げんきでしたか。*Ach, ja? Ging es ihr gut?*
A: ええ、とても　げんきでした。*Ja, ihr ging es sehr gut.*
C: そうですか。いつも　げんきな　かたですね。
Aha. Ihr geht es immer gut.

Zusammenfassung

Die Vergangenheitsform der な-Adjektive (Prädikat in höflicher Redeweise)

げんきです→げんきでした
にぎやかです→にぎやかでした
きれいです→きれいでした
しずかです→しずかでした
たいへんです→たいへんでした

Beispiel 5

A: ゆうめいな　「トラさん」を
みました。
Ich habe den berühmten (Film) "Tora-san (Herr Tora)" gesehen.

B: どうでしたか。*Wie war er?*
A: とても　おもしろかったです。
Er war sehr interessant.

Beispiel 6

A: えいがは　どうでしたか。*Wie war der Film?*
B: とても　よかったですよ。*Er war sehr gut.*
C: 日本語は　ちょっと　むずかしかったですが、
はなしは　おもしろかったです。
Das Japanisch war ein bisschen schwer, aber die Story war interessant.
A: 何が　むずかしかったですか。*Was war schwierig?*
C: …わすれました。*...Ich habe es vergessen./Ich weiß nicht mehr.*

Zusammenfassung

Die Vergangenheitsform der い-Adjektive (Prädikat in höflicher Redeweise)

大きいです→ 大きかったです
小さいです→小さかったです
ふるいです→ ふるかったです
たのしいです→たのしかったです
おもしろいです→ おもしろかったです
むずかしいです→ むずかしかったです
あたらしいです→ あたらしかったです
Ausnahme: いいです→ よかったです

Übungen

4. Antworten Sie auf die Fragen! Verwenden Sie dabei die Wörter in Klammern!

Beispiel: [りょこう] は　どうでしたか。（たのしい）
→　たのしかったです。

1) ベアマンさんは　どうでしたか。（とても　げんき）
2) えいがは　どうでしたか。（とても　おもしろい）
3) しごとは　どうでしたか。（たいへん）
4) ロンドンの　おてんきは　どうでしたか。（いい）
5) 日本語の　じゅぎょうは　どうでしたか。（むずかしい）
6) パーティーは　どうでしたか。（たのしい）
7) えいがは　どうでしたか。（とても　きれい）

5. Wie war es früher? Drücken Sie Ihren negativen Eindruck von den Orten und Veranstaltungen von heute aus, und Ihr Übungspartner gibt seinen positiven Eindruck von früher wieder.

A: [ベルリン]　は　あまり　[しずかじゃないです] ね。
B: そうですか。まえは　とても　[しずかでした]。

【ベルリン/しずか, パリ/おもしろい, ニース/いい, きょうと（京都）/きれい, スイスの　山/しずか, 日本の　えいが/おもしろい, ミュージックフェスティバル/にぎやか, etc.】

Schritt 3

あの　本は　おもしろくなかったです。

Das Buch war nicht interessant.

Neue Wörter

Hiragana: あの　*jener* (+Substantiv), *betreffender* (+Substantiv) (→あれ Lektion 8)
どの　*welcher* (+Substantiv) (→どれ Lektion 8)

Erklärungen

1. あの

Um einen (entfernten) Gegenstand als etwas Bestimmtes zu bezeichnen, kann man das Wort あの dem Substantiv voransetzen. Dies gilt auch für die Gegenstände bzw. das Geschehen in Gedanken, wenn sie subjektiv nicht nahe stehen. あの本 heißt *jenes Buch (dort)* oder *das betreffende Buch (von damals)*. Das entsprechende Fragewort heißt どの本 *welches Buch.*

2. おもしろくなかったです

Die verneinte Gegenwartsform von einem い-Adjektiv, z.B. von おもしろい heißt おもしろくない (→Lektion 9). Die verneinte Vergangenheitsform wird gebildet, indem man ない durch なかった ersetzt.

Beispiel 7

A: ミュージカルは　どうでしたか。 *Wie war das Musical?*
B: あまり　よくなかったです。 *Es war nicht besonders gut.*

Beispiel 8

A: パーティーは　どうでしたか。 *Wie war die Party?*
B: おもしろくなかったです。 *Sie war nicht interessant.*

Beispiel 9

A: あの　本は　どうでしたか。 *Wie war das Buch?*
B: え、どの　本ですか。 *Wie bitte? Welches Buch?*
A: よしもとの　あたらしい　本です。 *Das neue Buch von Yoshimoto.*
B: あまり　むずかしくなかったです。 *Es war nicht so schwer.*

Zusammenfassung
Verneinungsformen der い-Adjektive in der Vergangenheit

大きくないです→ 大きくなかったです	おもしろくないです→ おもしろくなかったです
小さくないです→ 小さくなかったです	たのしくないです→ たのしくなかったです
ふるくないです→ ふるくなかったです	むずかしくないです→ むずかしくなかったです
あたらしくないです→ あたらしくなかったです	

Ausnahme: よくないです→よくなかったです

Übungen

6. Ihr Übungspartner befragt Sie zu Dingen bzw. Veranstaltungen, über die Sie beide vor einiger Zeit schon einmal gesprochen haben. Geben Sie eine negative Antwort und verwenden Sie dabei die in Klammern angegebenen Wörter!
A: ［あの　本］は　どうでしたか。
B: ［おもしろくなかった］です。
A: 【あの　本, あの　ＣＤ, あの　オペラ, あの　ミュージカル, あの　えいが, オーストリアの　えいが, バスりょこう, 日本】
B: 【おもしろくない, よくない, むずかしくない, たのしくない】

Schritt 4

いろは　きれいじゃなかったです。

Die Farbe war nicht schön.

Neue Wörter

Hiragana: いろ *Farbe*
かんたん *einfach* (nicht über Menschen)
Katakana: ホテル *Hotel* (←hotel, Englisch)
バス *Bus* (←bus, Englisch)

Erklärungen

1. きれいじゃなかったです
Die Verneinungsform der な-Adjektive wird mit じゃないです gebildet. Ihre Vergangenheitsform wird ähnlich wie beim い-Adjektiv dadurch gebildet, dass man ない durch なかった ersetzt (→Zusammenfassung).

2. きのうの　えいが

Die Phrase Nomen + の vor einem weiteren Nomen wird im Deutschen oft durch ein Adjektiv wiedergegeben. Beispiele: きのうの　えいが *der gestrige Film*, 日本の　しょくじ *japanisches Essen.*

Zusammenfassung

Formen der な-Adjektive (als Prädikat)

Bejahungsformen		Verneinungsformen	
Gegenwart	Vergangenheit	Gegenwart	Vergangenheit
げんきです→	げんきでした	げんきじゃないです→	げんきじゃなかったです
しずかです→	しずかでした	しずかじゃないです→	しずかじゃなかったです
にぎやかです→	にぎやかでした	にぎやかじゃないです→	にぎやかじゃなかったです
たいへんです→	たいへんでした	たいへんじゃないです→	たいへんじゃなかったです
きれいです→	きれいでした	きれいじゃないです→	きれいじゃなかったです
かんたんです→	かんたんでした	かんたんじゃないです→	かんたんじゃなかったです

Beispiel 10

A: きのうの　えいがは　どうでしたか。
Wie war der Film von gestern?

B: はなしは　おもしろかったです。でも　いろは　あまり　きれいじゃなかったです。
Die Story war interessant. Aber die Farben waren nicht sehr schön.

Beispiel 11

A: ホテルは　どうでしたか。 *Wie war das Hotel?*

B: しずかでしたが、あまり　きれいじゃなかったです。
Es war ruhig, aber nicht sehr sauber/schön.

Übungen

7. Frau Tanaka hat bei ihrer letzten Busreise nur Pech gehabt. Nichts hat geklappt. Wählen Sie je einen Ausdruck aus den Klammern und vervollständigen Sie den Dialog zwischen Frau Tanaka und Frau Keller!

ケラー:　［おてんき］は　どうでしたか。
たなか:　［よくなかったです。］

ケラー:【おてんき, バス, ホテル, オペラ, コンサート, しょくじ, レストラン, りょこう etc.】

たなか:【よくなかったです, おもしろくなかったです, たいへんでした, きれいじゃなかったです, しずかじゃなかったです, ふるかったです, あたらしくなかったです】

Schritt 5

それで　よく　わかりました。

Deswegen habe ich gut verstanden.

Neue Wörter

Hiragana: よく　*gut* (Adverb)
それで　*deshalb, deswegen, aus diesem Grund*

Erklärungen

1. 英語が　わかります
Bei わかる wird, wie auch bei anderen Verben bzw. Adjektiven wie できる oder すき, das Objekt mit が markiert. Im Deutschen hingegen handelt es sich hier um ein Akkusativobjekt. 英語が　わかります。 bedeutet also *Ich verstehe Englisch.* Die Partikel が wird durch は ersetzt, wenn das Objekt als Thema des Satzes hervorgehoben werden soll oder verneint wird (→Beispiel 13).

Beispiel 12

ははは　日本人です。それで　よく　日本に　いきます。
Meine Mutter ist Japanerin. Deshalb reist/fliegt sie oft nach Japan.

Beispiel 13

英語は　かんたんでした。それで　はなしが　よく
わかりました。
Das Englisch war einfach. Deshalb konnte ich die Story gut verstehen.

Beispiel 14

英語は　わかります。でも　日本語は　よく　わかりません。
それで　さのさんと　英語で　はなしました。
Englisch verstehe ich. Aber Japanisch verstehe ich nicht so gut.
Deshalb habe ich mich mit Frau Sano auf Englisch unterhalten.

Übungen

8. Wählen Sie für die Sätze jeweils eine passende Fortsetzung aus dem Kästchen!

a. アメリカから　ともだちが　きました。
b. 日本から　ともだちが　きました。
c. せんせいの　日本語は　かんたんでした。
d. いしいさんの　英語は　むずかしかったです。
e. ホテルは　とても　ふるかったです。

1. それで　いっしょに　りょこうしました。
2. それで　よく　わかりました。
3. それで　あまり　わかりませんでした。
4. それで　英語を　はなしました。
5. それで　あまり　きれいじゃなかったです。

Dialog 11

ベアマン： きのう日本のえいがをみました。
いしい　： どうでしたか。
ベアマン： 日本語はたいへんでしたが、
はなしはわかりました。
とてもおもしろかったです。
でも、とてもふるいえいがでした。
それで、いろはあまりきれいじゃ
なかったです。
いしい　： そうですか。
ベアマン： らいしゅうあたらしい日本の
えいががきます。
いっしょにみませんか。
いしい　： 何というえいがですか。
ベアマン： え、ちょっとわすれました。
でも、きっとおもしろいですよ。
いしい　： じゃ、いきましょう。
ベアマン： じゃ、らいしゅう、でんわします。
いしい　： わかりました。

Lektion
十二課
(じゅうにか)

12 Termine vereinbaren

Schritt 1

たんじょうびは　2月13日です。

(Mein) Geburtstag ist der 13. Februar.

Neue Zeichen

Kanji:

月 がつ: *Monat, Mond*	Mit einer Zahl davor bezeichnet 月 den Monat(snamen).
日 にち/か: *Tag, Sonne*	Mit einer Zahl davor bezeichnet 日 den Kalendertag.

Katakana:

ク	**Ku**lisse

Neue Wörter

Hiragana:
たんじょうび *Geburtstag*
いつ *wann*
おめでとう（ございます） (Redewendung) *Herzlichen Glückwunsch!*

Katakana:
クリスマス *Weihnachten* (←Christmas, Englisch)

Kanji:
何日（なんにち） *welcher Tag (des Monats), Wievielter Tag (des Monats), wie viele Tage*

Monate

1月	いちがつ	Januar	7月	しちがつ	Juli
2月	にがつ	Februar	8月	はちがつ	August
3月	さんがつ	März	9月	くがつ	September
4月	しがつ	April	10月	じゅうがつ	Oktober
5月	ごがつ	Mai	11月	じゅういちがつ	November
6月	ろくがつ	Juni	12月	じゅうにがつ	Dezember

Kalendertage (Die unterstrichenen Tage haben unregelmäßige Lesungen.)

1日	ついたち	11日	じゅういちにち	21日	にじゅういちにち
2日	ふつか	12日	じゅうににち	22日	にじゅうににち
3日	みっか	13日	じゅうさんにち	23日	にじゅうさんにち
4日	よっか	14日	じゅうよっか	24日	にじゅうよっか
5日	いつか	15日	じゅうごにち	25日	にじゅうごにち
6日	むいか	16日	じゅうろくにち	26日	にじゅうろくにち
7日	なのか	17日	じゅうしちにち	27日	にじゅうしちにち
8日	ようか	18日	じゅうはちにち	28日	にじゅうはちにち
9日	ここのか	19日	じゅうくにち	29日	にじゅうくにち
10日	とおか	20日	はつか	30日	さんじゅうにち
				31日	さんじゅういちにち
何日	なんにち				

Erklärungen

1. 2月１３日 (にがつ　じゅうさんにち)
ist der 13. Februar. Beim Datum steht der Tag hinter dem Monat.

2. 何 (なん)
Das Kanji-Zeichen 何 wird なん ausgesprochen, wenn dahinter ein Wort mit dem Anlaut t-, d-, n- oder ein Zählwort (時（じ）, 日（にち）, 月（がつ） usw.) steht.

3. いつ
Auf die Frage "いつ *wann*" kann man unterschiedlich (mit Wochentag, Datum, Jahreszeit, Uhrzeit etc.) antworten. Mit 何月何日 (なんがつ なんにち: *Welcher Tag des Monats*) kann man nach einem genauen Datum fragen (→Schritt 2).

Beispiele für traditionelle Feste in Japan

１月１日（いちがつ ついたち）
おしょうがつ

３月３日（さんがつ みっか）
ひなまつり

５月５日（ごがつ いつか）
こどもの ひ

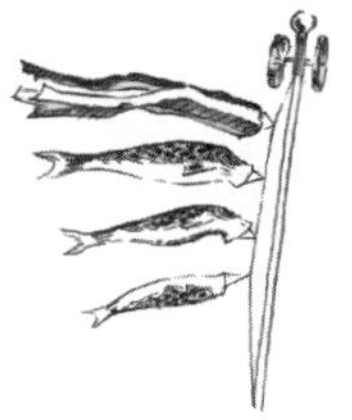

７月７日（しちがつ なのか）
たなばた

８月１３日～１５日
(はちがつ じゅうさんにち～じゅうごにち)　おぼん

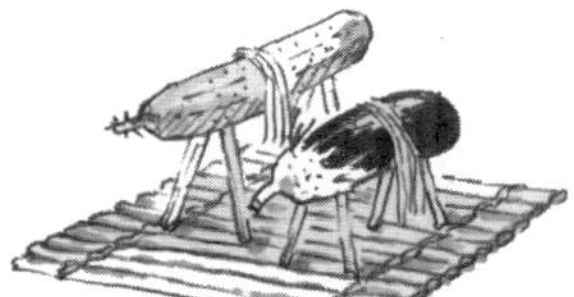

１２月３１日
(じゅうにがつ さんじゅういちにち)　おおみそか

Beispiel 1

クリスマスは　１２月２５日です。
Weihnachten ist am 25. Dezember.

Beispiel 2

A: たんじょうびは　いつですか。 *Wann ist Ihr Geburtstag?*
B: ２月です。 *Im Februar.*
A: ２月（の）　何日ですか。 *An welchem Tag im Februar?*
B: ２月の　２９日です。 *Am 29. Februar.*
A: ほんとうですか。 *Tatsächlich?*

Beispiel 3

A: おたんじょうび　おめでとうございます。
Herzlichen Glückwunsch zum Geburtstag!
B: ありがとうございます。 *Vielen Dank!*

Übungen

1. Welcher der beiden Monate bzw. Kalendertage wurde jeweils ausgesprochen? Hören Sie die Kassette (oder Ihren Lehrer) und wählen Sie das richtige Datum aus!

1) １月／７月　2) ４月／７月　3) ６月／９月　4) ８月／１月
5) １３日／３０日　6) ２１日／１２日　7) １１日／１７日　8) １８日／２８日

2. Lesen Sie die folgenden Daten!

1) １月１２日　2) １２月３０日　3) ４月２５日　4) ６月１９日
5) １１月２９日　6) ８月１７日　7) ９月１４日　8) ７月２２日

3. Fahren Sie fort!

Beispiel: きょうは　１３日です。（きのう）
→　きのうは　１２日でした。

1) きょうは　１３日です。（おととい）→
2) きょうは　２６日です。（あした）→
3) きょうは　１５日です。（あさって）→
4) きょうは　３１日です。（おととい）→

4. Schreiben Sie folgende Daten in arabische Zahlen und Kanji um!

1) いちがつ ついたち　2) にがつ ふつか　3) しがつ よっか
4) ろくがつ むいか　5) しちがつ ここのか　6) さんがつ みっか
7) ごがつ いつか　8) はちがつ とおか　9) くがつ なのか
10) じゅうがつ ようか

5. Hören Sie die Kassette an und schreiben Sie auf, wann die Personen Geburtstag haben!

オットー:　月　日,　マリア:　月　日,　アンケ:　月　日

Schritt 2

なつやすみは　何月何日からですか。

An welchem Tag beginnen die Sommerferien?

Neue Zeichen

Katakana: ウィー　week (←Englisch: *Woche*)

Neue Wörter

Hiragana:
- に　Partikel: *an* (dem Tag), *in* (dem Monat/dem Jahr etc.) (→Lektion10 u. 11).
- (お)やすみ　*arbeitsfreier Tag, Ferien*
- なつやすみ　*Sommerferien/-urlaub*
- いつから　*ab wann/seit wann*
- いつまで　*bis wann*
- かえります　*(nach Hause/in die Heimat etc.) zurückkehren*; Wörterbuchform: かえる

Katakana: ウィーン *Wien*
ゴールデンウィーク *Golden Week*; die Woche mit vier Feiertagen zwischen 29. April und 5. Mai
Kanji: 何月 (なんがつ) *welcher Monat* (des Jahres)

Erklärungen

1. 〜に
Eine Zeitangabe mit der Partikel に bezeichnet den bestimmten Zeitpunkt, an dem man etwas tut oder an dem etwas stattfindet.

8時**に**　かいしゃに　いきます。	*um 8 Uhr*
1月**に**　ウィーンに　いきます。	*im Januar*
3月22日**に**　パーティーを　します。	*am 22. März*
たんじょうび**に**　パーティーを　します。	*am Geburtstag*
やすみ**に**　どこに　いきますか。	*in den Ferien*

2. うちに　かえります
entspricht etwa dem deutschen *Ich gehe/fahre nach Hause.* かえります heißt *zurückkehren*, je nach Ausgangspunkt jedoch auch *zurückgehen* und *zurückkommen*. "Nach Hause gehen" wird auf Japanisch nicht mit いく *(gehen)* sondern mit かえる *(zurückkehren)* ausgedrückt.

Beispiel 4

A: いつ　ウィーンに　かえりますか。
Wann fahren Sie nach Wien zurück?

B: 6月8日に　かえります。 *Am 8. Juni.*

Beispiel 5

A: バッハのコンサートは　何月何日ですか。
An welchem Datum findet das Bach-Konzert statt?

B: 10月10日です。 *Am 10. Oktober.*

Übungen

6. Wann haben Sie Geburtstag? Fragen Sie einige Kursteilnehmer, wann sie Geburtstag haben, und schreiben Sie die Tage auf!
Beispiel: オラフさん、たんじょうびは　いつですか。/何月何日ですか。

なまえ	たんじょうび	なまえ	たんじょうび
わたし	月　日	さん	月　日
さん	月　日	さん	月　日
さん	月　日	さん	月　日

Beispiel 6

A: なつやすみは　何月何日からですか。
Ab welchem Datum ist Ihr Sommerurlaub?/Wann beginnen die Sommerferien?

B: 7月18日からです。 *Ab dem 18. Juli./Am 18. Juli.*

Beispiel 7

A: ゴールデンウィークは　いつから　いつまでですか。
Von wann bis wann ist die goldene Woche?

B: ４月２９日から　５月７日までです。
Vom 29. April bis zum 7. Mai.

Übungen

7. Betrachten Sie Ihren Kalender! Versuchen Sie, mit Ihrem Übungspartner einen Termin zu vereinbaren! Der Terminkalender Ihres Übungspartners befindet sich hinter der Übung 10.

A: いっしょに ［ベルリン］ に　いきませんか。
B: いいですね。いつですか。
A: ［　　］日は　どうですか。
B: ［　　］日は　ちょっと　むりです。
A: じゃ、［　　］日は　どうですか。
B: いいですよ。
A: じゃ、［　　］日に　いきましょう。

A: Ihr Terminkalender

11日	日本語のじゅぎょう
12日	えいが（オデオン）
13日	
14日	
15日	
16日	パーティー（いけださんの
	たんじょうび）
17日	
18日	日本語のじゅぎょう
19日	
20日	コンサート

8. Wann haben die jeweiligen Bundesländer Sommerferien? Sehen Sie sich die Liste unten an und folgen Sie dem Beispiel!

A: ［ベルリン］の　なつやすみは　いつから　いつまでですか。
B: ［６月１９日］から　［８月２日］までです。

Baden-Württemberg	７月３１日～９月１３日
Bayern	７月３１日～９月１５日
Berlin/Brandenburg/Schleswig-Holstein	６月１９日～８月２日
Bremen	７月１７日～８月３０日
Hamburg/Mecklenburg-Vorpommern	６月２８日～８月６日
Hessen/Rheinland-Pfalz	７月２４日～９月５日
Niedersachsen/Sachsen/Sachsen-Anhalt/Thüringen	７月１７日～８月２７日
Nordrhein-Westfalen	７月３日～８月１６日
Saarland	７月２４日～９月３日

Schritt 3

１０月１２日は　木曜日です。

Der 12. Oktober ist ein Donnerstag.

Neue Zeichen

Kanji:

曜　よう　: *Wochentag*	水　すい　: *Wasser*
日　にち　: *Sonne*	木　もく　: *Baum, Holz*
月　げつ　: *Mond*	金　きん　: *Gold, Geld*
火　か　: *Feuer*	土　ど　: *Erde, Boden*

Neue Wörter

Hiragana: こんしゅう — *diese Woche*

Kanji:
日曜日　(にちようび) — *Sonntag*
月曜日　(げつようび) — *Montag*
火曜日　(かようび) — *Dienstag*
水曜日　(すいようび) — *Mittwoch*
木曜日　(もくようび) — *Donnerstag*
金曜日　(きんようび) — *Freitag*
土曜日　(どようび) — *Samstag/Sonnabend*
こんしゅうの　土曜日 — *Samstag dieser Woche*
何曜日　(なんようび) — *welcher Wochentag*

Erklärungen

1. 日曜日には

Um einen Termin, ein Datum bzw. die Zeit zu betonen, verwendet man hinter der Partikel に zusätzlich die Themapartikel は, z.B. ５時には. Die Partikel に für Zeit kann jedoch wie bei Beispiel10 wegfallen.

Beispiel 8

A: ４日は　何曜日ですか。 *Welchen Wochentag haben wir am 4.?*
B: 木曜日です。 *Einen Donnerstag.*

Beispiel 9

A: こんしゅうの　土曜日に　えいがに　いきませんか。
Wollen wir nicht nächsten Samstag ins Kino gehen?

B: いいですね。 *Das ist eine gute Idee!*

Beispiel 10

A: いしいさんは　日曜日(に)は　何を　しますか。
Was machen Sie am Sonntag/sonntags, Herr Ishii?

B: 日曜日(に)は　テニスを　します。
Am Sonntag/sonntags spiele ich Tennis.

Übungen

9. Sehen Sie sich den Kalender unten an und fragen Sie sich gegenseitig, welchen Wochentag die jeweiligen Daten haben!

Beispiel: ５月１７日は　何曜日ですか。

5月						
日	月	火	水	木	金	土
1日	2日	3日	4日	5日	6日	7日
8日	9日	10日	11日	12日	13日	14日
15日	16日	17日	18日	19日	20日	21日
22日	23日	24日	25日	26日	27日	28日
29日	30日	31日				

10. Sehen Sie die Tabelle unten an und sagen Sie, was Frau Sano an bestimmten Wochentagen gemacht hat bzw. nicht gemacht hat. Wählen Sie dabei jeweils ein Verb und passende Partikeln aus den Klammern unten aus!

Beispiel: さのさんは　月曜日に　ドイツ語の　じゅぎょうに　いきました。／火曜日には　いきませんでした。

月曜日　ドイツ語の　じゅぎょう
火曜日　ともだち
水曜日　バッハの　コンサート
木曜日　フランスの　えいが
金曜日　本
土曜日　ドイツりょうり

【は, を, に, には】

あいました, いきました, ききました, たべました, よみました, かいました, みました

Lektion 12 Übung 7.
B: Terminkalender Ihres Übungspartners

１１日	コンサート
１２日	フランス語の　じゅぎょう
１３日	
１４日	ゴルフ
１５日	かいもの
１６日	
１７日	
１８日	
１９日	フランス語の　じゅぎょう

11. Fragen Sie Ihren Übungspartner, was er/sie an den einzelnen Wochentagen macht!

A: [　　　] さんは　[日曜日] には　何を　しますか。

B: [そうじ] と　[かいもの] を　します。/ [そうじ] と [かいもの] です。/ [本] を　[よみます]。/ [　　　] に　いきます。

A: [月曜日] は。

B: [月曜日] は　[　　] を　します。/ [　　　] です。etc.

【 日曜日, 月曜日, 火曜日, 水曜日, 木曜日, 金曜日, 土曜日】

Schritt 4

どこで　あいましょうか。

Wo wollen wir uns treffen?

Neue Wörter

Hiragana:	で	Partikel für Handlungsort: *in, an, auf*
	どこで	*wo (Handlungsort)*
	いつも	*immer, gewöhnlich*
	がっこう	*Schule*
	かいわ	*Dialog, Konversation*
	英かいわ	*englische Konversation*
	かいわがっこう	*Sprachenschule*
	じつは	*offen gesagt, in Wirklichkeit, eigentlich*
Katakana:	テニスコート	*Tennisplatz* (←tennis court, Englisch)

Erklärungen

1. ～で

で ist eine Partikel, die den Ort kennzeichnet, an dem eine Handlung bzw. ein Geschehen stattfindet.
Verwendet man です mit Ortsangabe in einem klaren Kontext, z.B. in einer Antwort auf die Frage どこで, so fällt normalerweise die Partikel で aus.

どこで　べんきょうしますか。 *Wo werden Sie studieren?*
ベルリンです。 *In Berlin.*

2. 英語は....べんきょうしましたか。

Hier ersetzt die Themapartikel は die eigentliche Objektpartikel を (→Beispiel 13). Die Objektpartikel を fällt immer aus, wenn das Objekt durch は betont bzw. zum Thema des Satzes gemacht wird.

Beispiel 11

あしたは　うちで　しごとを　します。 *Morgen arbeite ich zu Hause.*

Beispiel 12

パリで　かいものを　しましょう！
Lasst/Lass uns in Paris einkaufen!

Beispiel 13

A: 英語は　どこで　べんきょうしましたか。
Wo haben Sie Englisch gelernt?

B: じつは　英かいわがっこうで　べんきょうしました。
Offen gesagt, an einer Sprachenschule für Englisch.

Beispiel 14

A: いつも　どこで　かいものを　しますか。
Wo kaufen Sie immer/normalerweise ein?

B: スーパーです。 *In einem Supermarkt.*

Übungen

12. Antworten Sie auf die Fragen und verwenden Sie dabei die Wörter in Klammern!

1. いつも　どこで　テニスを　しますか。
(かいしゃの　テニスコート)
2. いつも　どこで　おすしを　たべますか。
(レストラン東京)
3. いつも　どこで　ともだちに　あいますか。
(ともだちの　うち)
4. きのう　どこで　オペラを　ききましたか。
(ベルリン)
5. あした　どこで　しょくじを　しますか。
(うち)
6. あさって　どこで　さのさんに　あいますか。
(さのさんの　かいしゃ)

13. Antworten Sie auf die Frage bzw. Einladung negativ; begründen Sie jedoch mit じつは Ihre Absage: Sie haben vor, etwas anderes zu tun. Verwenden Sie dabei die Wörter in Klammern!

A: 月曜日に　テニスを　しませんか。 (えいが, まち, みます)
B: すみません。じつは　月曜日(に)は　まちで　えいがを　みます。

1. 火曜日に　えいがを　みませんか。 (テニス, します)
2. 水曜日に　たんじょうパーティーに　きませんか。
(ベルリン, いきます)
3. 木曜日に　うちで　おすしを　たべませんか。
(英かいわがっこう, いきます)
4. 金曜日に　オペラを　ききませんか。
(おととい, ロンドン, ききました)
5. あした　うちに　きませんか。 (さのさん, きます)
6. 土曜日に　あいましょうか。 (がっこう, おしばい, みます)
7. 日曜日に　ベアマンさんに　あいませんか。
(うち, しごと, します)

Dialog 12

いしい　：もしもし、ベアマンさんのおたくですか。
ベアマン：はい。あ、いしいさんですか。
いしい　：ええ、いしいです。こんばんは。おげんきですか。
ベアマン：はい、げんきです。いしいさんもおげんきですか。
いしい　：ええ、げんきです。…ベアマンさん、
　　　　　じつは、わたし、らいげつ日本にかえります。
ベアマン：え、ほんとうですか…。それはざんねんですね。
いしい　：ええ、わたしもとてもざんねんです。
　　　　　それで、ベアマンさん、らいしゅう
　　　　　いっしょに、しょくじをしませんか。
ベアマン：いいですね。どこにいきましょうか。
いしい　：「レストラン東京」で、おすしをたべませんか。
ベアマン：ええ、そうしましょう。
いしい　：いつがいいですか。

ベアマン：１１日はどうですか。
いしい　：１１日は水曜日ですね…。
　　　　　水曜日はちょっと…。

ベアマン：１２日、木曜日はどうですか。
いしい　：はい、だいじょうぶです。
ベアマン：じゃ、７時に「レストラン東京」で
　　　　　あいましょう。
いしい　：はい。わかりました。木曜日に「レストラン
　　　　　東京」で。じゃ、おやすみなさい。
ベアマン：おやすみなさい。

Lektion
十三課
(じゅうさんか)

13 Im Restaurant (1)

Schritt 1

おすしに　します。 *Ich nehme Sushi.*

Neue zeichen

Katakana:

エ Essen	ビ Bild	ジュ Dschungel	タ Tanne	ダ dann

Neue Wörter

Hiaragana:	にく	*Fleisch*
	とり	*Vogel, Geflügel* (vor allem Huhn)
	てんぷら	*Tempura*; frittiertes Gemüse und Meeresfrüchte japanischer Art
	とんかつ	*Schweineschnitzel*
	やき～	*gebratenes, gegrilltes...* Das Wort やき wird immer mit einem anderen Nomen zusammengesetzt.
	やきにく	*gegrilltes/gebratenes Fleisch*
	やきとり	*gegrillte Hühnerspießchen*
	やきざかな	*gegrillter Fisch*
	のみもの	*Getränk*
	らいしゅう	*nächste Woche*
	えき	*Bahnhof*
Katakana:	レストラン	*Restaurant*
	エビフライ	*frittierte Riesengarnelen.* フライ (←fried, Englisch)
	サラダ	*Salat* (←salad, Englisch)
	ビール	*Bier* (←bier, Holländisch)
	ジュース	*Saft*; auch *Limonade* (←juice, Englisch)
	エリカ	*Erika*

Erklärungen

1.～ に　します

bedeutet *Ich entscheide mich für ～/Ich nehme ～*. Man verwendet diesen Ausdruck bei der Wahl zwischen Waren oder Personen, bei der Entscheidung für einen Ort, einen Termin, eine Uhrzeit usw.
のみものは　何に　しますか。heißt also *Was nehmen Sie zu trinken?* (wörtlich: *Was die Getränke angeht, was nehmen Sie?*)

Beispiel 1

(レストランで: Im Restaurant)

さかい: エリカさんは　何に　しますか。 *Was nehmen Sie, Erika?*
エリカ: てんぷらに　します。 *Ich nehme Tempura.*
さかい: のみものは（何に　しますか）。 *Und zu trinken?*
エリカ: ビールに　します。 *Ich nehme ein Bier.*

Beispiel 2

A: どこに　しましょうか。 *Wo wollen wir (uns verabreden)?*
B: えきに　しましょう。 *Lass uns (uns) im Bahnhof (treffen)!*
A: 何日に　しましょうか。
Am Wievielten (wollen wir uns verabreden)?
B: 3日に　しましょう。 *Sagen wir, am 3.*

Übungen

1. Schauen Sie sich die Speisen an und suchen Sie sich etwas aus! Fragen Sie sich gegenseitig, was Sie nehmen wollen, und antworten Sie!

A: [トーマスさん] は　何に　しますか。
B: [エビフライ] に　します。
A: [のみもの] は　(何に　しますか)。
B: [ジュース] に　します。

ビール

ジュース

やきざかな

とんかつ

おさしみ

てんぷら

やきとり

エビフライ

サラダ

2. Sie planen eine Aktivität. Entscheiden Sie zusammen mit Ihren Übungspartnern im Detail z.B. den Termin und Ort! Verwenden Sie dabei die Wörter in Klammern!

A: いっしょに [パーティー] を　しませんか。
B: いいですね。 [いつ] に　しましょうか。
C: こんしゅうの　[土曜日] は　どうですか。／いかがですか。
A: すみません、[土曜日] は　ちょっと…。[金曜日] に　しましょう。
B: [何時] に　しましょうか。
C: [3時] は　どうですか。／いかがですか。
A: いいですね。 [3時] に　しましょう。usw.

A: 【パーティー, りょこう, スポーツ, 日本語の　べんきょう】
B: 【いつ/何曜日/何日, 何時, どこ】
C: 【こんしゅうの　金曜日/土曜日, らいしゅうの　月曜日/火曜日/水曜日/木曜日/金曜日/土曜日, 1日/2日/3日, 3時/4時/5時/6時/7時 etc., わたしの　うち/がっこう/レストラン東京/東京/大阪/パリ/ロンドン/ベルリン】

Schritt 2

わたしは　てんぷらです。 *Ich nehme Tempura.*

Neue Zeichen

Hiragana: てい　tätig (langes て)

Neue Wörter

Hiragana: ていしょく　*Menü, Gedeck*
なさいます　höflicheres Wort für します (→Erklärung 2)
Katakana: ウエートレス　*Kellnerin* (←waitress, Englisch)

Erklärungen

1. わたしは　てんぷらです
です fungiert hier Ersatz für den Ausdruck に　します (→Lektion 8, Schritt 2). わたしは　てんぷらです heißt *Ich nehme Tempura* und macht nur dann einen Sinn, wenn zuvor ein Satz mit einem richtigen Verb z.B. わたしは　おすしに　します gesagt wurde oder vom Kontext her klar ist, was es bedeutet. です kann auf diese Weise fast alle Verben auch in verschiedenen Zeitformen ersetzen (→Beispiel 5).

2. なさいます
Um dem Gesprächspartner oder einer dritten Person gegenüber Respekt zu zeigen, wird なさいます anstelle von します verwendet, z.B. vom Kellner zu Gästen. なさいます verwendet man also nicht für sich selbst oder seine Familie(→Beispiel 4).

Beispiel 3

たなか　：わたしは　おすしに　します。 *Ich nehme Sushi.*
やまもと　：わたしは　てんぷらです。 *Ich nehme Tempura.*

Beispiel 4

ウエートレス: 何に　なさいますか。 *Was möchten Sie?*
たかい　：わたしは　てんぷらに　します。
Ich nehme das Tempura-Menü.
おおた　：わたしは　おさしみていしょくです。
Ich nehme das Sashimi-Menü.

Beispiel 5

A: なつやすみに　どこに　いきましたか。
Wohin sind Sie in den Sommerferien verreist?

B: わたしは　スイスに　いきました。
Ich bin in die Schweiz verreist.
C: わたしは　フランスです。 *Ich bin nach Frankreich verreist.*

Übungen

3. Bilden Sie jeweils den zweiten Satz mit です!
Beispiel: いしいさんは　いつも　コーヒーを　のみます。
(ベアマン/こうちゃ) → ベアマンさんは　こうちゃです。

1) さいとうさんは　らいしゅう　日本に　かえります。
(いしい/らいげつ)
2) トーステンさんは　きのう　大学に　いきました。
(エリカ/かいしゃ)
3) さのさんは　よく　とんかつを　たべます。
(ケラー/エビフライと サラダ)
4) トーマスさんは　日本語を　べんきょうしました。
(わたし/英語)
5) ははの　たんじょうびは　2月2日です。
(わたしの　はは/5月5日)
6) たなかさんは　おさしみに　します。
(わたし/てんぷらていしょく)

Schritt 3

とんかつ(を) おねがいします。 *Einmal Tonkatsu, bitte!*

Neue Zeichen

Katakana:	ヒ **hin**	ワ **o**ne (Englisch)

Neue Wörter

Hiragana:	いらっしゃいませ	Begrüßungsformel von Kellnern und Verkäufern: etwa *Herzlich willkommen!*
	おねがいします	*bitten*; Wörterbuchform おねがいする
	おかんじょう	*Rechnung* (im Restaurant)
	まで	*zu, nach* (Ziel)
Katakana:	ワイン	*Wein* (←wine, Englisch)
	コーヒー	*Kaffee* (←koffie, Holländisch)

Erklärungen

1. おねがいします
bedeutet wörtlich *Ich bitte Sie (um etwas)*, wird aber häufig im Sinne von *Bitte bringen/geben Sie mir etwas* verwendet, wie hier bei der Bestellung im Restaurant. Auch in anderen Fällen, in denen man jemanden bittet, etwas für einen zu machen (z.B. zum Bahnhof Tokio zu fahren), verwendet man diesen Ausdruck. Die Objektpartikel を wird sehr häufig nicht ausgesprochen.

Beispiel 6

A: いらっしゃいませ。	*Herzlich willkommen!*
(おちゃを) どうぞ。	*(Das ist Tee für Sie.) Bitte schön!*
B: どうも。	*Danke schön!*

Beispiel 7

(レストランで: Im Restaurant)

すみません。おみず(を)　おねがいします。

Entschuldigung! Bitte bringen Sie mir ein Glas Wasser!

Beispiel 8

(レストランで: Im Restaurant)

おかんじょう　おねがいします。

Bitte bringen Sie mir die Rechnung!

Beispiel 9

(Im Taxi)

A: 東京えき(まで)　おねがいします。

Bitte fahren Sie zum Bahnhof Tokio!

B: はい。***Jawohl!***

Übungen

4. Schauen Sie sich die Bilder an und bitten Sie mit おねがいします um etwas!

5. Arbeiten Sie zu dritt! Schauen Sie sich die Speisekarte an und suchen Sie sich etwas aus!

K: いらっしゃいませ。何に　なさいますか。
A: [とんかつていしょく] おねがいします
B: わたしは　[おすし] に　します。
C: わたしは　[てんぷらていしょく] です。
K: おのみものは　(何に　なさいますか)。
A: [ビール] に　します。
B: わたしも　[ビール] です。
C: わたしは　[ジュース] です。

おのみもの	おしょくじ	
ジュース	おさしみ	さしみていしょく
コーヒー	やきにく	やきにくていしょく
ビール	おすし	やきとり
おさけ	とんかつ	とんかつていしょく
ワイン	てんぷら	てんぷらていしょく
	エビフライ	エビフライていしょく
	やきざかな	やきざかなていしょく
	サラダ	

Schritt 4

とんかつ(を) ふたつ おねがいします。

Zweimal Tonkatsu, bitte!

Neue Zeichen

Katakana:

ヌ **nu**klear	ム **Mu**seum	チ **chi**cken (Englisch)

Kanji:

一 いち/ひと(つ): *eins*	四 よん/よっ(つ): *vier*
二 に/ふた(つ): *zwei*	五 ご/いつ(つ): *fünf*
三 さん/みっ(つ): *drei*	六 ろく/むっ(つ): *sechs*

Neue Wörter

Hiragana: それから *dann, außerdem, und*
Katakana: カップヌードル *Nudelsuppe im Becher* (←cup-noodle, Englisch)
ハムサンド *Schinken-Sandwich* (←ham sandwich, Englisch)
チーズバーガー *Cheeseburger*
アイスクリーム *Eiscreme* (←ice cream, Englisch)
ななつ *sieben*
やっつ *acht*
ここのつ *neun*
とお *zehn* (Aussprache: langes と, wie とう → Lektion 7, Schritt 1)

japanische Zahlen

1	ひとつ (一つ)	5	いつつ	(五つ)	9	ここのつ
2	ふたつ (二つ)	6	むっつ	(六つ)	10	とお
3	みっつ (三つ)	7	ななつ		?	いくつ
4	よっつ (四つ)	8	やっつ			

Erklärungen

1. Zahlenbezeichnungen im Japanischen sind überwiegend chinesischer Herkunft (いち、に、さん bis unendlich). Rein japanische Zahlenbezeichnungen sind in der heutigen Sprache lediglich bei den Zahlen von eins bis zehn erhalten geblieben, sie wurden oben eingeführt. So haben wir für die Zahlen von 1 bis 10 jeweils zwei verschiedene Bezeichnungen: rein japanische und sino-japanische.

2. 一つ、二つ、三つ...(ひとつ、ふたつ、みっつ...)
werden verwendet, vor allem um runde Gegenstände wie Äpfel, Eier, Bälle zu zählen oder auch, um das Alter von Kindern anzugeben. Die rein japanischen Zahlenbezeichnungen verwendet man aber auch für "Portionen" beim Essen und Trinken im Restaurant. いくつ ist das Fragewort, mit dem man nach der Anzahl fragt. Ab der Zahl 11 zählt man mit den sino-japanischen Zahlen weiter: じゅういち(11)、じゅうに(12)、じゅうさん(13) usw.

3. Zahlenangaben stehen hinter dem Wort, auf das sie sich beziehen:

Zusammenfassung

Gegenstand	Partikel	Zahl	Verb
とんかつ		一つ	
おすし		二つ	
てんぷら	を	三つ	おねがいします。
おさしみ		四つ	
コーヒー		五つ	
アイスクリーム		六つ	

Beispiel 10

A: すみません、ハムサンド　おねがいします。
Entschuldigung, ich hätte gerne Sandwiches mit Schinken!

B: いくつですか。 *Wie viele möchten Sie?*

A: 六つ　おねがいします。 *Sechs (Stück), bitte!*

Beispiel 11

A: きのう　アイスクリームを　二つ　たべました。
Gestern habe ich zwei Eis gegessen.

B: わたしは　三つです。 *Ich habe drei gegessen.*

Beispiel 12

(Zu einer Stewardess)

A: カップヌードル　一つ　おねがいします。
それから　おはしも　おねがいします。
Ich hätte gerne einen (Becher) Cup-Noodle. Und auch Stäbchen, bitte!

B: はい、わかりました。 *Jawohl!*

Übungen

6. Bestellen/Kaufen Sie folgendes Essen wie im Beispiel!

Beispiel: てんぷら → ［てんぷら］ ひとつ　おねがいします。

1) アイスクリーム
2) チーズバーガー
3) カップヌードル
4) とんかつ
5) ハムサンド

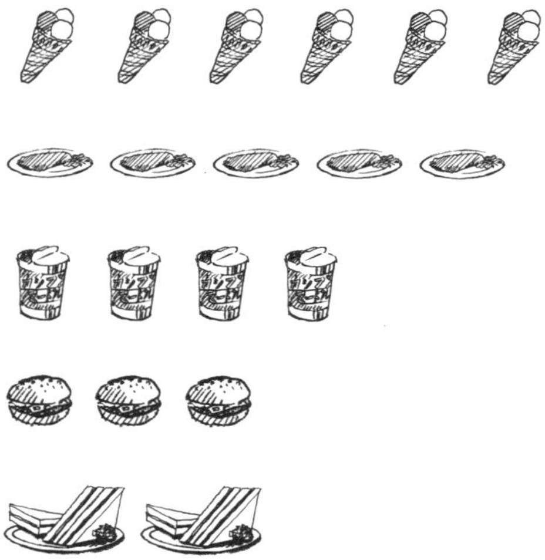

Dialog 13

(ドイツの日本レストランで 1)

ウエートレス：いらっしゃいませ。

***

ケラー　　：いしいさんは何にしますか。
いしい　　：わたしはおすしにします。
ケラー　　：じゃ、わたしもおすしです。
　　　　　　オットーさんは。
ベアマン　：わたしはてんぷらていしょくです。

***

ウエートレス：何になさいますか。
いしい　　：おすし二つと、てんぷらていしょく
　　　　　　一つ、おねがいします。
ウエートレス：はい。おすし二つ、それから
　　　　　　てんぷらていしょく一つですね。
　　　　　　おのみものは何になさいますか。
いしい　　：わたしはビールをおねがいします。
ベアマン　：わたしはおちゃをおねがいします。
ケラー　　：わたしもおちゃにします。
ウエートレス：はい、わかりました。

***

ウエートレス：おちゃです。どうぞ。

Lektion
十四課
(じゅうよんか)

14 Vorlieben

Schritt 1

のみものは　ワインが　すきです。

Als Getränk mag ich (besonders) Wein.

Neue Zeichen

Katakana:

ヤ　Yacht	シャ　Schach (weicher)	モ　Motto
ヨ　Yokohama	ジャ　Pyjama (kurz)	キ　Kind

Neue Wörter

Hiragana:	たべもの	*Essen, Lebensmittel*
	ところで	*übrigens, nun*
Katakana:	コーラ	*Cola*
	ミルクティー	*Tee mit Milch*
	レモンティー	*Tee mit Zitrone* (←lemon tea, Englisch)
	オレンジジュース	*Orangensaft* (←orange juice, Englisch)
	ジャム	*Marmelade* (←jam, Englisch)
	チーズ	*Käse* (←cheese, Englisch)
	スープ	*Suppe* (←soup, Englisch)
	パン	*Brot* (←pâo, Portugiesisch)
	ハム	*Schinken* (←ham, Englisch)
	ヨーグルト	*Yoghurt* (←yoghurt, Englisch)
	ケーキ	*Kuchen* (←cake, Englisch)

Erklärungen

1. のみものは　何が　いいですか。

Die Themapartikel は führt hier einen Oberbegriff のみもの *Getränk(e)* als Thema der folgenden Frage ein. Der Satz bedeutet also in etwa *Was Getränke angeht, was ist (für Sie) gut?*
Das Subjekt der Antwort (z.B. ワインが　いいです。) wird mit der Subjektpartikel が markiert, da es sich hierbei um die neue Information handelt (→Lektion 13, Beispiel 1: のみものは　何にしますか。).

2. のみものは　ワインが　すきです。

Bei dem な-Adjektiv すき wird für das Objekt (im Deutschen: Akkusativobjekt) die Partikel が verwendet (→Lektion11, Beispiel 13). Durch すきです wird eher eine generelle Vorliebe ausgedrückt und nicht unbedingt ein konkreter Wunsch. ワインが　すきです bedeutet also *Ich mag/trinke gerne Wein.*

Zusammenfassung

Aは　Bが　すきです。　*Von A mag ich B./Unter A mag ich B.*
のみものは　ワインが　すきです。　*Als Getränk mag ich Wein.*
(vgl. わたしは　ワインが　すきです。　*Ich mag Wein.*)

Beispiel 1

A: ところで　のみものは　何が　いいですか。
Übrigens, was möchten Sie als Getränk (am liebsten)?/was möchten Sie trinken?
B: ワインが　いいです。*Ich hätte gerne Wein./Wein wäre gut.*

Beispiel 2

A: たべものは　何が　すきですか。
Was für ein Gericht/Essen mögen Sie?/Was essen Sie gern?
B: さかなが　すきです。*Ich esse gerne Fisch.*
ばばさんは　何が　すきですか。
Und Sie, Frau Baba, was mögen Sie?
A: わたしは　にくが　すきです。*Ich esse gerne Fleisch.*

Übungen

1. Wie heißt das auf Deutsch?
Beispiel:「コーラ」は　ドイツ語で「Cola」です。

a:【ビール，ミルクティー，レモンティー，オレンジジュース etc.】
b:【チーズ，パン，サラダ，スープ，ヨーグルト，ハム，ジャム，にく，ケーキ，ソーセージ etc.】

2. Fragen Sie die anderen Kursteilnehmer, was sie mögen! Verwenden Sie dabei die Wörter aus Übung1: Zur Frage A also ein Wort aus der Gruppe a und zur Frage B eins aus der Gruppe b der Übung 1!
A: ところで　のみものは　何が　すきですか。
B: たべものは　何が　すきですか。

Schritt 2

ジャズが　いちばん　すきです。

Ich mag Jazz am liebsten.

Neue Zeichen

Katakana:

ソ	Hasso	セ	lassen

Neue Wörter

Hiragana:
いちばん (wörtl.) *Nummer eins*; hier mit einem Adjektiv zusammen: *am besten* bzw. *am liebsten* (→ Erklärung 1).
おいしい *schmackhaft, lecker*
ばんぐみ *(Fernseh-, Radio-)Sendung*
きょねん *letztes Jahr*

Katakana:
サッカー *Fußball* (←soccer, Englisch)
バスケットボール *Basketball* (←basketball, Englisch)
アメリカンフットボール *amerikanischer Football* (←american football, Englisch)
スケート *Schlittschuhlaufen* (←skate, skating, Englisch)

サイクリング	*Radfahren, Radtour* (←cycling, Englisch)
クラシック	*klassische Musik* (←classical music, Englisch)
ロック	*Rockmusik*
ポップ	*Popmusik*
ジャズ	*Jazz*
ブルース	*Blues*
シャンソン	*Chanson*
オーケストラ	*Orchester* (←Orchestra, Englisch)
テレビ	*Fernseher* (←television, Englisch)
テレビばんぐみ	*Fernsehsendung*
ソーセージ	*Wurst, Würstchen* (←sausage, Englisch)

Erklärungen

1. いちばん　すきです

Das Wort いちばん bezieht sich auf das folgende Adjektiv, z.B. すき, und macht aus diesem einen Superlativ: *etwas am liebsten mögen.* So bedeutet いちばん　おおきい *der/die/das größte* usw.

2. ドイツでは

Wenn der Ort als Thema des Satzes hervorgehoben wird, steht die Themapartikel は hinter で, der Partikel für den Ort (→Beispiel 5). Jedoch fällt in der Umgangssprache die Ortspartikel で oft weg und は steht alleine:
ドイツは　ビールが　おいしいです。
In Deutschland schmeckt das Bier gut.

Beispiel 3

A: ところで　おんがくは　何が　すきですか。
Was Musik betrifft, was mögen/hören Sie am liebsten?

B: クラシックが　いちばん　すきです。
Am liebsten klassische Musik.

Beispiel 4

スポーツは　やきゅうが　いちばん　おもしろいです。
Unter den Sportarten ist Baseball (für mich) am interessantesten.

Beispiel 5

A: きょねん　ドイツに　いきました。
Ich war letztes Jahr in Deutschland.

B: ドイツ(で)は　何が　いちばん　おいしかったですか。
Was hat in Deutschland am besten geschmeckt?

A: ビールと　ソーセージが　いちばん　おいしかったです。
Bier und Wurst haben mir am besten geschmeckt.

Übungen

3. Wie heißt das auf Deutsch?

Beispiel: 「テニス」は　ドイツ語で　「Tennis」です。

a: 【テニス, スケート, バスケットボール, サイクリング, サッカー, アメリカンフットボール etc.】

b: 【ジャズ, クラシック, ロック, ポップ, ブルース, シャンソン】

4. Wie lauten die Antworten der Personen?

A: スポーツは　何が　いちばん　おもしろいですか。
B: おんがくは　何が　いちばん　すきですか。

さの　いしい　いで　ベアマン

5. Nun fragen Sie Ihre Übungspartner, welche Fernsehsendung, welche Musik oder welche Sportart sie für die interessanteste halten!

A: [テレビばんぐみ] は　何が　いちばん　おもしろいですか。
B: [　　　　　] が　いちばん　おもしろいです。

6. Was ist Ihrer Meinung nach am besten? Beantworten Sie die folgenden Fragen!

A: どこの　[車] が　いちばん　いいですか。
B: [　　　　] の　[車] が　いちばん　いいです。
A: 【車, えいが, オーケストラ, ビール, チーズ, ハム etc.】
B: 【ドイツ, スイス, オーストリア, 日本, フランス, アメリカ, イタリア, スペイン etc.】

7. Was ist Ihrer Meinung nach das Beste? Beantworten Sie die folgenden Fragen!

A: イタリアでは　何が　いちばん　おいしいですか。
B: スイスでは　どこが　いちばん　きれいですか。
C: 日本では　何という　まちが　いちばん　きれいですか。
D: アメリカでは　何という　まちが　いちばん　ふるいですか。
E: いま　ドイツでは　何という　えいがが　いちばん　あたらしいですか。
F: いま　ドイツでは　何という　本が　いちばん　おもしろいですか。

Schritt 3

ぜひ　みて　ください。 *Sehen Sie es (sich) unbedingt an!*

Neue Zeichen

Hiragana: くう **Kuh** (langes く)

Neue Wörter

Hiragana: ぜひ *unbedingt*
こんど *nächstes Mal*
はなします *sprechen.* Wörterbuchform: はなす
とります *nehmen, (Fotos) aufnehmen.* Wörterbuchform: とる
まちます *warten.* Wörterbuchform: まつ
しゃしん *Foto*
くうこう *Flughafen*
この *dies* (＋Substantiv) (→これ in Lektion 4, あの und どの in Lektion 11)
じゅうしょ *Adresse*
(お) まつり *Fest*
や *und* (Partikel zur Aufzählung→Erklärung 1)
だし (山車) *geschmückter Festwagen*
Kanji: *P 富士山 (ふじさん) *Fujiyama, Berg Fuji* (富士: passiv lernen)

Erklärungen

1. 〜や
Die Partikel や dient der Verknüpfung bzw. Aufzählung von Gegenständen und Begriffen, die exemplarisch aus einer größeren Menge herausgegriffen werden. Die Funktion der betreffenden Wörter im Satz wird durch die Partikel hinter dem letzten Aufzählungsglied bestimmt. 東京や ベルリンは 大きい まちです。 *Tokio und Berlin z.B. sind große Städte.* 東京や ベルリンに いきました。 hingegen heißt *Ich bin u.a. nach Tokio und Berlin gereist.*

2. Die Verben in て- Form mit ください werden verwendet, um eine Bitte bzw. Aufforderung auszudrücken. Die て- Form wird von der ます- Form abgeleitet. Der Stamm der Sonderverben und der Verben der zweiten Gruppe bleibt unverändert (きて, して / たべて, みて usw.). Die Verben in der ersten Gruppe bilden jedoch abweichende て-Formen (〜んで, 〜いて, 〜って, 〜して u.a.)

て-Form der Verben

Gruppe 1 (Beispiele)	
よみます *lesen* →**よんで**	いきます *gehen* →**いって**
のみます *trinken* →**のんで**	とります *nehmen* →**とって**
ききます *hören* →**きいて**	わかります *verstehen* →**わかって**
かきます *schreiben* →**かいて**	まちます *warten* →**まって**
あいます *treffen* →**あって**	はなします *sprechen* →**はなして**
かいます *kaufen* →**かって**	

Sonderverben
します *tun* →**して**
きます *kommen* →**きて**

Gruppe 2 (Beispiele)
たべます *essen* →**たべて**
みます *sehen* →**みて**

Zusammenfassung
て-Form +ください (Beispiele)
いってください。 *Bitte gehen Sie!* **してください。** *Bitte tun Sie (das)!*
たべてください。 *Bitte essen Sie!* **のんでください。** *Bitte trinken Sie!*
まってください。 *Bitte warten Sie!*
はなしてください。 *Bitte sprechen Sie!* usw.

3. たいへんですね。
Der Ausdruck wird sehr häufig verwendet, um Mitleid, Mitgefühl bzw. Erstaunen zu zeigen.
z.B. A: はは は　びょうきです。 *Meine Mutter ist krank .*
B: それは　たいへんですね。 *Das ist schwer./Das ist nicht schön. (Es tut mir Leid.)*

Beispiel 6

A: 日本語で　どうぞ。*(Sagen Sie es) Bitte auf Japanisch!*
B: そうですね。ぜひ　日本語で　はなして　ください。
Genau. Sprechen Sie bitte unbedingt Japanisch!
C: わかりました。*Gut!/Einverstanden!*

Beispiel 7

A: こんど　ぜひ　うちに　きて　ください。
Kommen Sie nächstes Mal unbedingt zu uns!/Sie müssen uns unbedingt mal besuchen!
B: ありがとうございます。*Vielen Dank!*

Beispiel 8

A: あした　うちに　でんわして　ください。
Rufen Sie mich bitte morgen (zu Hause) an!
B: わかりました。あした　でんわします。
Gut. Ich rufe Sie morgen an!

Beispiel 9

A: すみません。しゃしんを　とって　ください。
Entschuldigen Sie! Machen Sie bitte ein Photo von uns!
B: はい。ちょっと　まって　ください。
Ja. Warten Sie einen kleinen Moment, bitte!

Beispiel 10

この　じゅうしょに　いって　ください。
Fahren Sie bitte zu dieser Adresse!

Beispiel 11

ぜひ　きょうと (京都) や　たかやま (高山) に　いって　ください。それから　富士山も　みて　ください。
Besuchen Sie unbedingt Kyoto und Takayama und andere (alte Städte)! Und sehen Sie sich auch den Berg Fuji an!

Übungen

8. Vereinbaren Sie mit Ihren Gesprächspartnern verschiedene Termine!
Beispiel: *A:* [カイ] さん、 [あした] きて ください。
B: わかりました。じゃ [あした] きます。

【あした, あさって, 5時に, あしたの 6時に, あさっての 3時に, らいしゅうの 月曜日に, らいげつの 1日に, らいげつの 2日に, らいげつの 4日に, レストラン東京に, あした この じゅうしょに, らいしゅう この ホテルに】

9. Stellen Sie sich vor, dass Sie in Japan mit dem Taxi fahren! Sagen Sie dem Taxifahrer, wohin Sie wollen!
Beispiel: [東京えき] まで いって ください。
【東京えき, 大阪えき, 大阪くうこう, なりたくうこう, ホテル大阪, この じゅうしょ, ドイツぎんこう】

Über Japan 日本 und Japanisch 日本語

日本の まつり

日本人は おまつりが とても すきです。きょうと (京都) や、なら (奈良)、かまくら (鎌倉) や、たかやま (高山) の おまつりは とても ふるい おまつりです。きものや だし (山車) や ふるい おんがくは とても いいですよ。ぜひ 日本で 日本の まつりを みて ください。

Übungen

10. Stellen Sie sich gegenseitig Fragen, wie es vergangene Woche war!
A: しごとは たいへんでしたか。
B: いいえ、たいへんじゃなかったです。/はい、たいへんでした。
A: 【しごと, 日本語の じゅぎょう, かいもの, りょうり, そうじ】

11. Beantworten Sie die folgenden Fragen: Sie können (müssen aber nicht) aus der Liste ein Wort auswählen!
A: 何が いちばん おもしろいですか。
【本, えいが, テレビ, カラオケ】
B: 何が いちばん たいへんですか。
【そうじ, かいもの, りょうり, しごと】
C: どの まちが いちばん 小さいですか。
【東京, パリ, ロンドン, ベルリン, ウィーン, 大阪】
D: どの かいしゃが いちばん 大きいですか。
【BMW, トヨタ, ニッサン, ベンツ, ボルボ, ロールスロイス】
E: たべものは 何が いちばん すきですか。
【サラダ, ソーセージ, にく, さかな】

Dialog 14

(ドイツの日本レストランで　2)

いしい　：ケラーさんは、おさけは何がいちばん
すきですか。
ケラー　：ワインがいちばんすきです。
いしい　：じゃ、日本のワインをのみましょうか。
ベアマンさんもいかがですか。
ベアマン：いいですね…。
ところで、いしいさん、ドイツは
どうでしたか。
いしい　：ドイツ語はたいへんでしたが、ドイツ
はおもしろかったです。
ケラー　：何がいちばんおもしろかったですか。
いしい　：そうですね…。ドイツのおまつりが
おもしろかったです。
ベアマン：そうですか。日本のおまつりも
おもしろいですね。
きょねん、デュッセルドルフで
みました。
ケラー　：わたしもみました。とても
おもしろかったです。
いしい　：そうですか。こんどはぜひ、
日本でみてください。

Lektion
十五課
(じゅうごか)

15 Im Restaurant (2)

Schritt 1

ワインは　ありますか。 *Haben Sie Wein?*

Neue Wörter

Hiragana: ありますes *gibt, sich befinden, da sein, vorhanden sein*:
Verneinungsform:ありません; Wörterbuchform: ある
Katakana: メニュー *Speisekarte* (Achtung: Menü: ていしょく)

Erklärungen

1. あります
Das Verb あります bezeichnet das Vorhandensein von leblosen Gegeständen und Pflanzen. Das Subjekt wird durch が markiert, wenn es sich um einen normalen Aussagesatz handelt oder durch das Fagewort 何 *was* nach dem Subjekt gefragt wird: z.B. 何が　ありますか。(→Beispiel 2). Bei Entscheidungsfragen oder wenn das Subjekt als Thema betont werden soll, steht hingegen die Partikel は: z.B. メニューは　ありますか。(→Beispiel 1). Je nach dem Kontext wird あります mit unterschiedlichen Verben ins Deutsche übersetzt (s.o. Neue Wörter).

Beispiel 1

(レストランで Im Restaurant)
A: メニューは　ありますか。 *Haben Sie/Gibt es hier eine Speisekarte?*
B: すみません。（メニューは）ありません。
Es tut uns Leid. Wir haben keine.

Beispiel 2

A: のみものは　何が　ありますか。
Was haben Sie an Getränken?/Welche Getränke gibt es?
B: ジュースと　ビールが　あります。 *Wir haben Saft und Bier.*

Übungen

1. Stellen Sie sich vor, dass Sie in einem europäischen Restaurant in Japan etwas bestellen möchten! Fragen Sie die Bedienung, ob es folgende Gerichte gibt! Die Bedienung (Ihr Übungspartner) antwortet nach der Anweisung.
A: [　　] は　ありますか。
B: はい、あります。/すみません。[　　] は　ありません。

B: Wir haben......... (siehe Anweisung Seite 130 unten)

2. Bestellen Sie in einem japanischen Restaurant etwas zum Essen und Trinken! Fragen Sie die Bedienung, ob es die rechts unter a) bis d) angegebenen Speisen und Getränke gibt! Gegebenenfalls bestellen Sie etwas anderes!

A: [　　] は　ありますか。
B: すみません。[　　] は　ありません。
A: じゃ、[　　] は　ありますか。
B: はい。
A: じゃ、[　　] を　おねがいします。usw.

A: Haben Sie...?

a) おちゃ＋おすし
b) ビール＋おさしみ
c) ワイン＋やきにく
d) コーラ＋やきざかな

B: Wir haben: 【オレンジジュース、ビール、おさけ、ワイン、おちゃ、おすし、やきざかな、ていしょく、てんぷら】

Schritt 2

ビール(を)　一本　おねがいします。

Eine Flasche Bier, bitte!

Neue Zeichen

Katakana:	ネ　nett		
Kanji:	本 ほん/ぽん/ぼん (→Erklärung 1)	七 しち/なな (七つ:ななつ) *sieben*	九 きゅう/く (九つ:ここのつ) *neun*
		八 はち/はっ/やっ (八つ:やっつ) *acht*	十 じゅう/じっ (十:とお) *zehn*

Neue Wörter

Hiragana:
あか　*Rot*
　あかい　*rot*
しろ　*Weiß*
　しろい　*weiß*

Katakana:
トマトジュース *Tomatensaft* (←tomato juice, Englisch)
シャンペン *Champagner* (←champagne, Französich)
ミネラルウォーター *Mineralwasser* (←mineral water, Englisch)

Erklärungen

1. ～本（1本/2本/3本...）（一本/二本/三本...）

Wie bereits in Lektion 13 erläutert, werden im Japanischen Dinge je nach der Form mit unterschiedlichen Zählwörtern gezählt. Für lange Gegenstände, wie Flaschen, Stifte, Bäume u.ä. wird das Zählwort 本（ほん/ぽん/ぼん）verwendet. Zahl + Zählwort stehen hinter dem zu zählenden Gegenstand mit Partikel (z.B. が, を, は etc.), die Partikeln werden jedoch in der Umgangssprache nicht immer ausgesprochen: (→Beispiel 3).

Leseregel (Achtung: Bei den fett gedruckten Zahlen treten Lautveränderungen auf!)

一本	**いっぽん**	五本	ごほん	九本	きゅうほん
二本	にほん	六本	**ろっぽん**	十本	**じっぽん/じゅっぽん**
三本	**さんぼん**	七本	ななほん	十一本	**じゅういっぽん**
四本	よんほん	八本	**はっぽん/** はちほん	二十本	**にじっぽん/にじゅっぽん**
				何本	**なんぼん** (*wie viele ...*)

Beispiel 3

A: あかワイン (は)　ありますか。*Haben Sie Rotwein?*
B: はい。フランスワインと　イタリアワイン、それから
オーストラリアの　ワインが　あります。 *Ja. Wir haben französischen und italienischen Wein und außerdem australischen Wein.*
どの　ワインに　なさいますか。*Welchen Wein möchten Sie?*
A: では、フランスの　あかワインを　おねがいします。
Dann möchte ich einen französischen Rotwein.

Beispiel 4

A: ビールは　何本に　なさいますか。
Wie viele Flaschen Bier möchten Sie?
B: 四本に　します。 *Vier Flaschen Bier (möchten wir).*

Zusammenfassung

Gegenstand	Partikel	Zahl		Verb
ワイン	が	1本		あります。
ドイツワイン	は	何本		ありますか。
ドイツワイン	は	1本		あります。
フランスワイン	を	1本		おねがいします。
aber ワイン	は	何本	に	しますか/なさいますか。
ワイン	は	1本	に	します。

Übungen

3. Ihr Übungspartner fragt, welche Getränkesorte wie oft vorhanden ist! Sehen Sie sich die Anweisung für B an und antworten Sie!
A: [コーラ] は　何本　ありますか。
B: [コーラ] は　1本　あります。

A:【コーラ, トマトジュース, オレンジジュース, ミネラルウォーター, ビール, おさけ, シャンペン, しろワイン, あかワイン】

Anweisung für B : Siehe Seite132 unten.

4. Sie sind in einem japanischen Restaurant und wollen etwas zu trinken bestellen Fragen Sie Ihren Übungspartner, wie viele Flaschen der angegebenen Getränke Sie jeweils bestellen wollen! Ihr Übungspartner antwortet, dass Sie genau dieselbe Menge Getränke wie in Übung 3 bestellen sollen! (Siehe Seite 132 unten.)

A: [コーラ] は　何本に　しますか。
B: [コーラ] は　[一本] に　しましょう。
A: [ビール] は　何本に　しますか。usw.
A:【コーラ, トマトジュース, オレンジジュース, ミネラルウォーター, ビール, おさけ, シャンペン, しろワイン, あかワイン】

Anweisung für Übung 1 (Übungspartner B)
Wir haben....... 【Spaghetti, Pizza, Wurst, Salat, Eis】

Schritt 3

おすしは　まだですか。 *Kommt mein Sushi noch nicht?*

Neue Wörter

Hiragana: あのう　*Äh..., Hallo, Entschuldigung*
おそい　*spät, langsam, lange dauernd*
まだ　*noch, immer noch*
ちょっと　(zeitlich) *ein bisschen, kurz*
もう　*schon*
Katakana: グラス　*Glas* (nicht als Material, sondern als Trinkgefäß für Wein, Brandy, Cocktail etc.)

Erklärungen

1. あのう...
drückt Zögern bzw. Zurückhaltung aus und wird u.a. verwendet, um anzudeuten, dass man jemanden ansprechen möchte. Anders als das deutsche "Äh... " ist あのう ein höflicher Ausdruck.

2. まだです/すぐです
Das Adverb まだ bedeutet eigentlich *noch.* まだです wird jedoch häufig im Sinne von *noch nicht* verwendet, wobei です in diesem Fall ein verneintes Verb ersetzt. おすしは　まだですか。 bedeutet also *Sind die Sushi noch nicht fertig?* Mögliche Antworten hierauf wären はい、まだです。 *Nein, sie sind noch nicht fertig.* oder はい/いいえ、すぐです/すぐ　きます。 *Doch, sie sind gleich fertig/sie kommen gleich.*

3. もう　きました
もう ist ein Adverb und bedeutet *schon.* Anders als bei まだ, wird もう in diesem Fall nicht mit です allein verwendet.

Beispiel 5

A: ビール(は)　おそいですね。 *Mit dem Bier dauert es lange.*
(Zum Kellner)
あのう、ビールは　まだですか。
Entschuldigung! Kommt mein Bier noch nicht?
B: すみません。ちょっと　まって　ください。
Es tut uns Leid. Warten Sie bitte ein bisschen!

Beispiel 6

A: あのう、さのさんは　まだですか。
Entschuldigung! Ist Frau Sano noch nicht gekommen?
B: はい、まだです。でも　すぐ　きます。
Nein, sie ist noch nicht gekommen. Aber sie kommt gleich.
A: いしいさんは。 *Und Herr Ishii?*
B: いしいさんは　もう　きました。
Herr Ishii ist schon gekommen.

Anweisung für B bei Übung 5. Heute kommen die folgende Personen:
【さの, トーマス, いで, ベアマン, いしい, いしいさんの おとうさん, さかい】

5. Sie haben sich mit Ihren japanischen Freunden in einem Restaurant verabredet. Fragen Sie, ob die bei A unten genannten Personen noch nicht da sind. Ihr Übungspartner sieht die Anweisung für B und antwortet wer noch kommt und wer nicht kommt.

A: [さの] さんは　まだですか。
B: はい、まだです。でも　すぐ　きます。
/ [さの] さんは　きょうは　きません。

A: 【さの, さのさんの　おかあさん, トーマス, いで, ベアマン, ケラー, いしい, いしいさんの　おとうさん, さかい, いとう】

B: .... (siehe Anweisung Seite 131 unten)

6. Beantworten Sie die folgenden Fragen!

A: ゲーテの 「ファウスト」を　よみましたか。
B: はい。もう　よみました。oder いいえ、まだです。

a) エンデの 「モモ」を　よみましたか。
b) おおえ　けんざぶろう (大江　健三郎) の 「ヒロシマノート」を　よみましたか。
c) あたらしい 「007」を　みましたか。
d) もう　かんじを　べんきょう　しましたか。
e) もう　日本の　おまつりを　みましたか。
f) 日本の　テレビ (ばんぐみ) を　みましたか。
g) もう　おすしを　たべましたか。

Anweisung für Übung 3 (Übungspartner B):Wir haben hier:

Schritt 4

おかんじょうは　どう　しましょうか。

Wie wollen wir es mit dem Bezahlen machen?

Neue Zeichen

Katakana:	チョ	Macho
Kanji:	円　えん	*Kreis,* jap. Währungseinheit *Yen*

Neue Wörter

Hiragana:	はらいます	*bezahlen, zahlen.* Wörterbuchform: はらう. て-Form: はらって
	かんがえます	*überlegen, sich Gedanken machen.* Wörterbuchform: かんがえる. て-Form: かんがえて
	わりかん	*geteilte Kasse, getrennte Bezahlung*
	くすり	*Medikament*
	(お) ひる	*Mittag, Mittagessen*
	おちょこ	*kleiner Becher für Sake-Reiswein*
	ちず	*Landkarte, Stadtplan*
	かんぱい	*Prost!*
Katakana:	クッキー	Kekse (←cookie, Englisch)
	チョコレート	*Schokolade* (←chocolate, Englisch)
Hiragana+Kanji:	くすり屋	*Apotheke, Apotheker*
	(お) 金	(おかね) *Geld*
Katakana+Kanji:	ケーキ屋	*Konditorei* (←cake, Englisch)
	レコード屋	*Schallplattenladen* (←record, Englisch)
Kanji:	日本円	(にほんえん) *japanischer Yen*

Erklärungen

1. どう

Das Fragewort どう bedeutet eigentlich *wie.* Jedoch werden どう　しますか oder どう　しましょうか im Sinne von *Was machen Sie/wir nun?* oder *Was sollen wir tun?* verwendet (→Beispiel 7).
～を/は　どう　しましょうか。heißt etwa *Was sollen wir mit ～ machen?* Das Objekt (mit ～) wird durch を gekennzeichnet, wird jedoch häufig durch die Themapartikel は hervorgehoben (→Beispiel 8, 9 und 10).

2. そうですねぇ

Zögernd ausgesprochen, bedeutet そうですねぇ....。*Ja...(lassen Sie mich kurz überlegen.)* und deutet eher Verunsicherung beim Sprecher an. Ohne Zögern ausgesprochen, wird durch そうですね。hingegen Zustimmung ausgedrückt: *Ja, stimmt/Sie haben Recht.* Achten Sie also auf die unterschiedliche Satzmelodie!

Beispiel 7

どう　しましょう。お金が　ありません。

Was soll ich/sollen wir machen? Ich habe/wir haben kein Geld.

Beispiel 8

A: おひるは　どう　しますか。
Wie wollen Sie es mit dem Mittagessen machen?

B: そうですねぇ....。うちで　たべます。*Ja... Ich esse zu Hause.*

Beispiel 9

A: あのう、おかんじょうは　どう　しましょうか。
Entschuldigung! Wie machen wir es mit dem Bezahlen?

B: わたしが　はらいます。*Ich bezahle.*

C: いいえ、わたしが　はらいます。*Nein, ich bezahle.*

D: じゃ、わりかんに　しましょう。
Dann machen wir eben getrennte Kasse.

Beispiel 10

A: おちょこは　どう　しましょうか。
Was soll ich/sollen wir mit den Sakebechern machen?/
Wie viele Becher möchten Sie?

B: 三つ　ください。*Geben Sie uns drei!*

Übungen

7. Stellen Sie sich vor, dass Sie für Ihre Japanreise einkaufen! Ihr japanischer Freund (Ihr Übungspartner) weiß, was man als Reisender in Japan braucht. Fragen Sie ihn, wo Sie die Dinge kaufen sollen!

A: [日本語の　じしょ] は　どう　しましょうか。

B: [日本の　本屋さん] で　かいましょう。

A: 【日本語の じしょ, 日本円, 日本の ちず, くすり, かさ,
ドイツの CD, ドイツの ワイン/ソーセージ/ハム/チーズ/クッキー
/チョコレート etc.】

B: 【ドイツ/日本の スーパー, ドイツ/日本の　デパート,
ドイツ/日本の くすり屋さん, ドイツ/日本の 本屋さん,
ドイツ/日本の ぎんこう, くうこう, ケーキ屋さん etc.】

8. Was wäre die richtige Antwort zur Frage?

Fragen:

A: あした しごとは どう しますか。
B: おかんじょうは どう しましょうか。
C: ちずは どう しましょうか
D: おひるは どう しましょうか。
E: のみものは どう しましょうか。

Antworten:

1: わりかんに　しましょう。
2: あしたは　やすみです。
3: レストランで　たべましょう。
4: ビールを　2本　ください。
5: 本屋で　かいましょう。

Dialog 15

(ドイツの日本レストランで　3)

ベアマン　：　あのう、すみません。日本のワインはありますか。

ウエートレス：すみません。ドイツとフランスのワインはありますが、日本のワインはありません。

ベアマン　：　いしいさん、どうしましょうか。

いしい　　：　そうですねぇ。
…ケラーさん、どうしましょうか。

ケラー　　：　じゃ、日本のおさけにしませんか。

いしい　　：　そうですね。そうしましょう。

ベアマン　：　じゃ、おさけを二本ください。グラスは三つおねがいします。

ウエートレス：はい。おさけ二本、それからおちょこを三つですね。

いしい　　：　はい。

***

いしい　　：　では、かんぱい！

ベアマン、ケラー：かんぱい！

***

いしい　　：　おすし、きませんね…。
(ウエートレスに) すみません。おすし、まだですか。

ウエートレス：あ、すぐです。すみません、ちょっとまってください。
どうもすみませんでした。おすしです。どうぞ。

Lektion
十六課
(じゅうろっか)

16 Bitte um Erlaubnis

Schritt 1

ちょっと　みても　いいですか。

Darf ich kurz mal schauen?

Neue Wörter

Hiragana: あけます *aufmachen, öffnen.* Wörterbuchform: あける
きききます *hören, zuhören, fragen.* Wörterbuchform: きく
はいります *eintreten, hineingehen, hereinkommen.* Wörterbuchform: はいる
〜て(も)いい *(etwas tun) dürfen* (→Erklärung 1)
だめ (な-Adjektiv) *(es) geht nicht, man darf (das) nicht (machen)* (→Erklärung 2)
その *jener* (+Substantiv) (→それ in Lektion 4, あの und どの in Lektion 11, この in Lektion 14)
で *mit/durch etwas.* で ist eine Partikel für Methode, Mittel und Werkzeug (→日本語で (Sprache) in Lektion 4, 東京で (Handlungsort) in Lektion 12).

Katakana: レジ *Kasse* (←register, Englisch)
(クレジット)カード *(Kredit)Karte* (←credit card, Englisch)

Erklärungen

1. いっても　いいですか

Verben in der て-Form mit der Partikel も und dem Adjektiv いい werden verwendet, um Genehmigung/Erlaubnis bzw. Zustimmung zu ersuchen. Sie entsprechen deutschen Sätzen wie *Darf ich...?/ Dürfen wir...?* u.ä. Die Partikel も wird in der Umgangssprache manchmal nicht ausgesprochen, der Satz klingt jedoch mit も etwas höflicher. Beachten Sie die unterschiedliche Nuance bei den Antworten in Beispiel 2 und 3. Mit いいですよ erteilt man eine Erlaubnis, während mit どうぞ höfliche Zustimmung gezeigt wird (→て-Form Tabelle in Lektion 14, Schritt 3).

2. だめ

だめ ist ein な-Adjektiv, entspricht jedoch Ausdrücken wie im Deutschen *es geht nicht/man darf nicht* u.ä. (それは)　だめです。 bedeutet also *Das geht nicht./Das ist verboten,* さのさんは　だめです。 *Mit Frau Sano klappt das nicht* (→Beispiel 5 und 6).

3. その　でんわ

bedeutet im Allgemeinen *jenes Telefon* und その　人 bedeutet *jener Mensch (,der nicht nah, jedoch auch nicht weit entfernt steht),* während この　でんわ

dieses Telefon und この 人 *dieser Mensch* (*,der hier ist bzw. von dem gerade die Rede ist*) heißt (vgl. あの, どの in Lektion 11 und この in Lektion 14).

Beispiel 1

A: もう　いっても　いいですか。
Ist es (auch) in Ordnung, wenn ich schon gehe?/ Darf ich schon gehen?

B: すみません。ちょっと　まって　ください。
Entschuldigung! Warten Sie bitte kurz!

Beispiel 2

A: あけても　いいですか。*Darf ich aufmachen?*

B: どうぞ　(あけて　ください)。*Bitte! (Machen Sie auf!)*

Beispiel 3

A: すみません。ちょっと　でんわしても　いいですか。
Entschuldigung, darf ich kurz telefonieren?

B: いいですよ。*Ja, Sie dürfen.*

Beispiel 4

A: カードで　はらっても　いいですか。
Kann ich mit Karte bezahlen?

B: すみません。おかんじょうは レジで おねがいします。
Es tut mir Leid. Bezahlen Sie bitte an der Kasse!

Übungen

1. Stellen Sie sich vor, dass Sie gerade bei Ihrem Übungspartner zu Besuch sind. Fragen Sie ihn, ob Sie bei ihm zu Hause Folgendes dürfen:

A: [じしょ] を　みても　いいですか。

B: はい、どうぞ。/どうぞ、みて　ください。

A: 【じしょを みます, しゃしんを とります, 本を よみます, ＣＤを ききます, でんわを します, うちに かえります】

Beispiel 5

A: はいっても　いいですか。
Darf ich hereinkommen?

B: すみません。いまは　ちょっと　だめです。
Entschuldigung. Zur Zeit geht es nicht./Sie dürfen jetzt nicht.

Beispiel 6

A: ちょっと　でんわしても　いいですか。
Darf ich kurz telefonieren?

B: すみません。この　でんわは　ちょっと…(だめです)。
その　でんわで　おねがいします。
Es tut mir Leid. Mit diesem Telefon geht es nicht! Bitte telefonieren Sie mit dem Telefon da!

Übungen

2. Sehen Sie die Zeichnungen auf der nächsten Seite an und wählen Sie einen dazu passenden Satz aus!

1.

2.

3.

4.

a) しゃしんを　とっても　いいですか。
b) あけても　いいですか。
c) でんわしても　いいですか。
d) はいっても　いいですか。

3. Sehen Sie sich die Zeichnungen aus Übung 2 an und wählen Sie eine passende negative Antwort aus!

a. いまは　だめです。３時から　はいっても　いいです。
b. この　でんわは　だめです。あの　でんわは　だいじょうぶです。
c. しゃしんは　だめです。
d. うちで　あけて　ください。

Schritt 2

いいえ、どう　いたしまして。 *Nein, nichts zu danken!*

Neue Wörter

Hiragana:	どう　いたしまして	Redewendung: *gern geschehen, nichts zu danken, keine Ursache*
	(お) みやげ	*Souvenir*
	えはがき	*Ansichtskarte*
	すてき	(な-Adjektiv) *prima, reizend, wunderschön*
	もの	*Ding, Sache;* hier: *Geschenk*

Beispiel 7

A: とても　いい　もの (を)　ありがとう。
Vielen Dank für das wunderschöne Geschenk!

B: どう　いたしまして。 *Gern geschehen!*

Beispiel 8

A: すてきな　おみやげ (を)　どうも　ありがとう。
Vielen Dank für das reizende Souvenir!

B: いいえ、どう　いたしまして。
Nein, keine Ursache!/nichts zu danken!

Übungen

4. Wie würden Sie sich für die folgenden Gegenstände bzw. Ereignisse bedanken? Ihr Übungspartner antwortet mit "gern geschehen" (natürlich auf Japanisch).
A: [でんわ] どうも　ありがとう。
B: どう　いたしまして。
【でんわ, てがみ, えはがき, すてきな　おみやげ, おいしい　ケーキ, おもしろい　本, きれいな　しゃしん, きれいな　えはがき, いい　CD, きれいな　おはな】

Schritt 3

もう　いっぱい　いかがですか。

Möchten Sie noch eine Tasse?

Neue Wörter

Hiragana:	もう	*noch* (→Lektion 15, Schritt 3 もう *schon*)
	もう　いっぱい	*noch eine Tasse* (→Erklärung 1)
	はい/ぱい/ばい	Zählwort für den Inhalt von Tassen, Gläsern, Schalen etc:〜*Glas/Tasse voll* (→Erklärung 2)
	けっこう	(な-Adjektiv) höfliches Wort für いい *gut, fein*
Katakana:	イギリス	*England* (←Inglés, Portugiesisch)

Erklärungen

1. もう　いっぱい und もう　けっこうです
Bei もう mit der Bedeutung *noch* bleibt die Stimme hoch, während sie bei もう mit der Bedeutung *schon* mit う fällt.

2. 〜はい/ぱい/ばい　(一ぱい/二はい/三ばい...)
はい ist ein Zählwort, mit dem der Inhalt von Tassen, Gläsern, Schalen, Fässern und anderen ähnlichen Gefäßen gezählt wird. Ähnlich wie bei 本 ändert sich die Aussprache von はい zu ばい und ぱい, wenn はい mit bestimmten Zahlen kombiniert wird, wobei gewisse Lautveränderungen auch bei den Zahlen hervorgerufen werden. Tassen und Gläser selbst sowie Kaffee oder Tee als Portion im Café werden mit 一つ (ひとつ) 、二つ (ふたつ) usw. gezählt.

3. けっこう
けっこう ist ein höfliches Wort für *gut, fein*, bedeutet allerdings in bestimmten Kontexten etwa *nein, danke*, *schon genug* oder es *reicht* (→ Beispiel 10). Unter Freunden verwendet man wie im Beispiel 11 いいです statt けっこうです.

Leseregel

1 Tasse	**いっぱい**	5 Tassen	ごはい	9 Tassen	きゅうはい
2 Tassen	にはい	6 Tassen	**ろっぱい**	10 Tassen	**じっぱい /じゅっぱい**
3 Tassen	**さんばい**	7 Tassen	ななはい	11 Tassen	**じゅういっぱい**
4 Tassen	よんはい	8 Tassen	**はっぱい** /はちはい	20 Tassen	**にじっぱい /にじゅっぱい**

Beispiel 9

A: コーヒー(を)　いっぱい　いかがですか。
Möchten Sie eine Tasse Kaffee?
B: はい、いただきます。*Ja, gern.*
A: もう　いっぱい　いかがですか。
Möchten Sie noch eine Tasse?
B: いいえ、もう　けっこうです。
Nein, danke. Es ist schon gut so./Es war schon genug.

Beispiel 10

A: もう　いっぱい　どうですか。
Möchten Sie/Möchtest Du noch eine Tasse?
B: もう　いいです。*Nein danke. Es ist schon gut so.*

Übungen

5. Ihr Übungspartner fragt, ob Sie eines der unten genannten Getränke trinken möchten. Sie nehmen das Angebot an, aber die zweite Tasse bzw. das zweite Glas möchten Sie nicht.

A: [コーヒー] を　いっぱい　いかがですか。
B: はい、いただきます。
A: もう　いっぱい　いかがですか。
B: ありがとうございます。でも　もう　けっこうです。
A: 【コーヒー, イギリスの こうちゃ, 日本ちゃ, ビール, おさけ, オーストリアの しろワイン, フランスの あかワイン】

Schritt 4

わすれないで　ください。 *Bitte nicht vergessen!*

Neue Zeichen

Katakana:

ノ **No**nne	ナ **Na**tur	ごう **Go**tik (langes ご)

Neue Wörter

Hiragana: がんばります *sich bemühen, sich anstrengen*
Wörterbuchform: がんばる
かぎ *Schlüssel*
きっぷ *Fahrkarte, Konzertkarte, Flugschein, Eintrittskarte*
やくそく *Verabredung, Versprechen*
ばんごう *Nummer*
でんわばんごう *Telefonnummer*
おくさん *(Ihre) Frau*; wird auch ohne Namensnennung als Anrede verwendet
と *mit* (jemandem) (→Erklärung 1)
Katakana: カタカナ *Katakana*
パスポート *Reisepass* (←passport, Englisch)
ノート *Heft, Notizbuch* (←notebook, Englisch)

Erklärungen

1. ～と

Mit der Partikel と wird die begleitende Person markiert: *mit jemandem.*
おくさんと　いっしょに: *zusammen mit Ihrer Frau.*

2.～からです

から ist die Partikel für den zeitlichen und räumlichen Ausgangspunkt und die Herkunft. これは　わたしからです。*Dies ist von mir* (Siehe auch から in Lektion 9, Schritt 3 und Lektion 10, Schritt 3).

3. ～ないで　ください

Eine Aufforderung bzw. Bitte, etwas nicht zu tun, wird mit der einfachen Verneinungsform der Verben und で　ください gebildet. Wenn man der Aufforderung folgt, antwortet man mit はい、わかりました/はい、～ません, was dem deutschen "O.K. Verstanden./Nein, ich tue/mache es nicht." entspricht (→Beispiele 12, 13 und 14).
Wie im Japanischen bei einer Antwort auf eine negative Frage üblich, bedeutet はい in solchen Fällen *Nein.* Achten Sie auf diesen Unterschied!

3. ～に　よろしく

Anders als よろしく bei einer ersten Begegnung/Vorstellung, bedeutet よろしく hier etwa *an jemanden viele Grüße von mir* (→Beispiele 11).

Einfache Verneinungsform der Verben

höfliche Form	höfliche Verneinungsform	Wörterbuchform (einfach/neutral)	einfache Verneinungsform
Sonderverben			
きます	きません	くる	こない
します	しません	する	しない
Gruppe 1 (Beispiele)			
あいます	あいません	あう	あわない
かいます	かいません	かう	かわない
いきます	いきません	いく	いかない
かきます	かきません	かく	かかない
ききます	ききません	きく	きかない
かえります	かえりません	かえる	かえらない
がんばります	がんばりません	がんばる	がんばらない
わかります	わかりません	わかる	わからない
のみます	のみません	のむ	のまない
はなします	はなしません	はなす	はなさない
Gruppe 2 (Beispiele)			
みます	みません	みる	みない
たべます	たべません	たべる	たべない
あけます	あけません	あける	あけない
わすれます	わすれません	わすれる	わすれない

Beispiel 11

おくさんに　よろしく。*Viele Grüße an Ihre Frau!*

Beispiel 12

A: かぎを　わすれないで　ください。
Den Schlüssel bitte nicht vergessen!

B: はい、だいじょうぶです。わすれません。
O.K. Keine Sorge.!/ ***Nein.*** *Ich vergesse ihn nicht.*

Beispiel 13

A: まだ　かえらないで　ください。
Bitte gehen Sie noch nicht (nach Hause)!

B: ええ....。でも　もう　かえります。
Ja... Aber ich gehe (doch) schon (nach Hause).

Beispiel 14

A: あまり　がんばらないで　ください。
Bitte strengen Sie sich nicht zu viel an!/Arbeiten Sie bitte nicht zu viel!

B: はい。もう　うちに　かえります。
Nein. *Ich gehe schon nach Hause.*

Übungen

6. Stellen Sie sicher, dass Ihr Übungspartner 1) für die gemeinsame Reise und 2) für eine Party die folgenden Dinge nicht vergisst! Ihr Übungspartner antwortet seinerseits, dass Sie etwas nicht vergessen sollen. Machen Sie eine Liste von den Dingen, die Ihr Übungspartner aufzählt!

A: [　　　] を　わすれないで　ください。
B: だいじょうぶです。　[　　　] を　わすれないで　ください。
A: はい。わかりました。　[　　　] を　わすれないで　ください。

1) A: B soll mitbringen.... 【きっぷ，じしょ，ノート，パスポート，くすり，ホテルの じゅうしょ】
   B: A soll mitbringen.... 【かさ，日本語の 本，おみやげ，ちず たなかさんの でんわばんごう】
2) A: B soll mitbringen.... 【おかし，ワイン，ビール，ジュース，はな，CD，ケーキ】
   B: A soll mitbringen..... 【おべんとう，しろワイン，グラス，おさけ，おちょこ】

7. Wählen Sie für die Sätze jeweils eine passende Situation aus dem Kästchen aus!

1. きっぷと　パスポートを　わすれないで　ください。
2. くるまは　うんてんしないで　ください。
3. まだ　かえらないで　ください。
4. きっぷは　かわないで　ください。
5. しゃしんは　とらないで　ください。
6. おくさんに　よろしく。

a. もう　かいました。
b. いっしょに　おひるを　たべましょう。
c. おさけを　のみました。
d. あした パリに いきます。
e. どうぞ おげんきで。
f. ビデオも　だめです。

Dialog 16

Herr Behrmann und Frau Keller verabschieden sich von Herrn Ishii.

ベアマン：いしいさん、これは、わたしとバーバラからです。どうぞ。
いしい　：あ、何ですか。あけてもいいですか。
ケラー　：どうぞ、みてください。
いしい　：あ、きれいですね。とてもいいおみやげです。どうもありがとうございます。
ベアマン、ケラー：いいえ、どういたしまして。

***

いしい　：ケラーさん、もう一ぱいいかがですか。
ケラー　：いいえ、もうけっこうです。とてもおいしかったです。

***

ベアマン：いしいさん、どうぞおげんきで。こんどはおくさんとドイツにきてください。
いしい　：はい、ありがとうございます。ベアマンさんもケラーさんと、ぜひ日本にきてください。
ベアマン：はい、ぜひ。いしいさん、ドイツ語をわすれないでくださいね。
いしい　：だいじょうぶです。わすれません。ケラーさんも日本語、がんばってください。
ケラー　：がんばります。どうぞ、おげんきで。
いしい　：はい。ケラーさん、ベアマンさん、また日本であいましょう。さようなら。
ベアマン、ケラー：さようなら。

Über Japan 日本 und Japanisch 日本語

"Siezen" und "Duzen": です/ます-Form und Wörterbuch-Form
Die bis jetzt gelernte です/ます-Form stellt eine höfliche Redeweise dar und wird in einer formellen Situation (z.B. zwischen Unbekannten, Verhandlungspartnern, im Laden, in der Schule) verwendet.
Hingegen verwendet man die Verben in der Wörterbuchform und andere einfache Formen als höflichkeitsneutralen Stil in Situationen, in denen man nicht ausdrücklich höflich sein muss, z.B. unter Familienmitgliedern, unter Freunden und besonders unter jüngeren Leuten. Aber einem Vorgesetzten gegenüber z.B. darf der höflichkeitsneutrale Stil nicht verwendet werden.
Der folgende Dialog findet statt zwischen Frau Keiko Sano, die ebenfalls nach Japan zurückkehrt, Barbara Keller und Otto Behrmann. Er ist fast identisch mit dem Dialog zwischen Herrn Ishii, Herrn Behrmann und Frau Keller. Aber hier ist die Atmosphäre viel lockerer: Frau Sano, Frau Keller und Herr Behrmann sind nämlich inzwischen eng befreundet und unterhalten sich in der höflichkeitsneutralen Redeweise.

Neue Wörter

Hiragana:	ううん/うーん	*nein* (nur in der Umgangssprache)
	うん	*ja* (nur in der Umgangssprache)
	ぼく	*ich* (für Jungen auch in der formellen Redeweise, für Männer in der Umgangssprache)
	だ	Wörterbuchform von です
Katakana:	ボーイフレンド	*Freund* (←boyfriend, Englisch)

Erklärungen

1. In der höflichkeitsneutralen, einfachen Redeweise wird です hinter Nomen und な-Adjektiven durch だ ersetzt, だ wird jedoch oft, besonders von Frauen, weggelassen.
2. In der höflichkeitsneutralen, einfachen Redeweise fällt bei い- Adjektiven です weg.

Höfliche Redeweise→Einfache Redeweise (Beispiele: Gegenwart)

mit です/ます-Form	mit Wörterbuchform u.a.
わたしから**です**	→**わたし/ぼく**から **(だ)**
日本人**です**	→日本人 **(だ)**
がんば**ります**	→がんば**る**
わすれ**ません**	→わすれ**ない**
おいしい**です**	→おいしい
おいしくない**です**	→おいしくない
げんき**です**	→げんき **(だ)**
げんきじゃない**です**	→げんきじゃない
けっこう (です)	→**いい**
おげんきで	→げんきで
きて/わすれないで **ください**	→きて/わすれないで
いかが (です)	→**どう** etc.

Dialog 17

Herr Behrmann und Frau Keller verabschieden sich von Frau Sano.

バーバラ: けいこ、これは、わたしとオットーから。
どうぞ。
けいこ　: あ、何？　あけてもいい？
バーバラ: うん、みて。
けいこ　: あ、きれい！ とてもいいおみやげ。どうも
ありがとう。
バーバラ、オットー: どういたしまして。

***

バーバラ: けいこ、ドイツのケーキを、もうひとつどう？
けいこ　: ううん、わたしはもういい。オットーは？
オットー: ううん、ぼくももういいよ。

***

バーバラ: けいこ、げんきでね。こんどはぜひ
ボーイフレンドとドイツにきて。
けいこ　: うん、ありがとう。
バーバラとオットーも、ぜひ日本にきてね。
オットー: うん、いくよ。
けいこ　: オットー、日本語、わすれないでね。
オットー: だいじょうぶ。わすれないよ。
けいこ　: バーバラも日本語、がんばってね。
バーバラ: うん、がんばる。じゃ、げんきで。
けいこ　: バーバラもげんきでね。また日本で…ね。
さようなら。
バーバラ、オットー: さようなら。

A. Ausspracheregeln für Wörter mit europäischem Ursprung

Die japanische Sprache besitzt eine Vielzahl von Lehnwörtern, die aus europäischen Sprachen u.a. dem Englischen stammen. Diese Wörter werden stark "japanisiert" ausgesprochen. Im Folgenden werden einige der grundlegenden Regeln aufgeführt, wie man diese Wörter im Japanischen ausspricht. Bitte hören Sie genau zu, wie Ihr Lehrer sie ausspricht, oder nehmen Sie die Hörkassetten zu Hilfe!

1. Alleinstehende Konsonanten in einem Lehnwort werden, abgesehen von /m/ als Inlaut und /n/, immer von einem Vokal begleitet.

+/u/	golf → ゴルフ
	volleyball → バレーボール
	bier (Holländisch) → ビール
	ham → ハム
	Berlin → ベルリン
"t", "d"+/o/	skate → スケート
	drive → ドライブ
+/i/	cake → ケーキ
+/a/	salad → サラダ

2. Die Laute, die im Japanischen nicht existier(t)en, werden durch nahestehende japanische Laute ersetzt.

/l/, /r/ → ラリルレロ	milk → ミルク
	cream → クリーム
"th" (Engl.) → サシスセソ	bath → バス
ザジズゼゾ	rhythm → リズム
/v/ → バビブベボ	violin → バイオリン
/fi/ → ヒ	coffee → コーヒー
/ti/ → チ	team → チーム
/tu/ → ツ	tour → ツアー
/di/ → ジ	radio → ラジオ
"ca" → キャ	camp → キャンプ
"ga" → ギャ	gamble → ギャンブル
/we/ → ウエ	waitress → ウエートレス
/wo/ → ウォ	(mineral) water → ウォーター
"ch" "g" (Deut.) → ハヒフヘホ	Bach → バッハ
	Leipzig → ライプツィッヒ
	Bochum → ボーフム
	München → ミュンヘン
	Jungfraujoch → ユンクフラウヨッホ
"ü" (Deut.) → yu	Düsseldorf → デュッセルドルフ
"ö" (Deut.) → ä	Goethe → ゲーテ

3. Einige für das Japanische fremde Laute wurden heute als solche übernommen und neue Silben dafür geschaffen.
/fa/, /fi/, /fe/, /fo/: ファ, フィ, フェ, フォ
fashion → ファッション
/ti/: ティ — party → パーティー
/di/: ディ — disco → ディスコ

4. Lange Vokale:
a. Die englischen Gleitlaute /*äi*/ und /*ou*/ spricht man wie die langen deutschen Vokale /äh/ und /oh/ aus.
game → ゲーム
note → ノート

b. Die Laute "er", "ar", "or" etc. werden zumeist als langer Vokal /ah/ dargestellt.
party → パーティー
designer → デザイナー

5. Kleines "ッ": Vor den Lauten /p/, /t/, /k/, /s/, "sch/sh" und "ch (Deut.)" sowie manchmal vor /d/ und /g/ wird kurz die Luft angehalten.
pop → ポップ — Otto → オットー
picnic → ピクニック — Kassel → カッセル
cash → キャッシュ — Bach → バッハ

6. Einige ausländische Begriffe werden im Japanischen nur abgekürzt verwendet.
depart(ment store) → デパート
register → レジ
television → テレビ
personal computer → パソコン

B. Hiragana- und Katakana-Tabelle mit Hepburn-Umschrift (und Aussprache)

☆ : Englisch ★ : weicher

あ ア	い イ	う ウ	え エ	お オ	
a (ab)	i (Inge)	u (Uniform)	e (Essen)	o (Onkel)	
か カ	き キ	く ク	け ケ	こ コ	
ka (Kanne)	ki (Kind)	ku (Kulisse)	ke (Keller)	ko (Kost)	
さ サ	し シ	す ス	せ セ	そ ソ	
sa (Passant)	shi (Schiff★)	su (Maß+u)	se (lassen)	so (Hasso)	
た タ	ち チ	つ ツ	て テ	と ト	
ta (Tanne)	chi (chicken☆★)	tsu (zurück★)	te (Tennis)	to (toll)	
な ナ	に ニ	ぬ ヌ	ね ネ	の ノ	
na (Natur)	ni (nicht)	nu (nuklear)	ne (nett)	no (Nonne)	
は ハ	ひ ヒ	ふ フ	へ ヘ	ほ ホ	
ha (Hanna)	hi (hin/ich)	fu (Humor)	he (Heft)	ho (Holland)	
wa (one☆)			e (Essen)		
ま マ	み ミ	む ム	め メ	も モ	
ma (Mann)	mi (Mittwoch)	mu (Museum)	me (Mensch)	mo (Motto)	
や ヤ		ゆ ユ		よ ヨ	
ya (Yacht)		yu (Yukatan)		yo (Yokohama)	
ら ラ	り リ	る ル	れ レ	ろ ロ	
ra (Lamm)	ri (Licht)	ru (Luise)	re (Lektion)	ro (Lotte)	
わ ワ				を ヲ	ん ン
wa (one☆)				o (Onkel)	n (Anfrage)

Anders als im Deutschen schreibt man し nach der im Wörterbuch üblichen Hepburn-Umschrift mit "*shi*".

C. Erläuterung zur Hiragana-Aussprache

1. Vokale

- allgemein: Vokale werden im Japanischen kürzer ausgesprochen.
- う: う wird nicht wie im Deutschen mit vorgewölbten Lippen ausgesprochen. Die Lippen bewegen sich fast gar nicht.
- え: え ist ein Vokal zwischen dem deutschen e und *ä*. Während das deutsche *e* für Japaner zu eng, d.h. zu ähnlich wie い (*i*) klingt, wird das deutsche *ä* im Allgemeinen von Japanern als え empfunden.
- umgeschriebenes "*i*" und "*u*": Die Vokale *i* und *u* am Ende eines Wortes, wie z.B. *u* bei です (Umschrift: desu), ます (masu) oder みっつ (mittsu) und *i* bei おはし (ohashi) werden sehr häufig nur schwach oder gar nicht ausgesprochen. Wenn auf die Silben き, し, ち, ひ, ぴ, く, す, つ, ふ oder ぷ ein stimmloser Konsonant folgt oder wenn diese am Ende eines Satzes vorkommen, werden die Vokale *i* und *u* in diesen Silben sehr oft undeutlich ausgesprochen.

2. Konsonanten

- し,ち,つ: Die Konsonanten der Silben し, ち, つ werden mit weniger Reibungsklang als die entsprechenden Konsonanten im Deutschen ausgesprochen.
- ふ: Dieses Silbenzeichen wird in der Hepburn-Umschrift mit "fu" wiedergegeben, in diesem Lehrwerk dagegen mit "hu". Der Anlaut ist ein Laut zwischen dem deutschen *h* und *f*. Bei der Aussprache berühren die Zähne nicht die Unterlippe.
- れ: れ ist ein Laut zwischen *de* und *le*, bei dessen Aussprache die Zungenspitze leicht und kurz an den Gaumen hinter den Vorderzähnen schlägt; er wird keinesfalls wie das deutsche *r* ausgesprochen, das im Hals erzeugt wird, obwohl es in der lateinischen Umschrift immer mit "r" geschrieben wird.
- ん: ん wird mit einem Nasallaut ausgesprochen. Die Luftströmung geht hierbei nur durch die Nase. Die Laute müssen gleich klingen, egal ob der Mund geöffnet oder geschlossen ist. ん wird mit darauf folgenden Vokalen oder mit *y* (や, ゆ, よ) nicht verbunden sondern etwas abgesetzt ausgesprochen.

3. Vokalkombinationen

- Die umschriebenen Vokale *a, i, u* und *e* werden jeweils mit einem nachfolgenden gleichen Vokal あ, い, う oder え verlängert.

  Bsp.: お<u>かあ</u>さん - kaa - **Ka**ter　　おい<u>しい</u> - shii - **schie**ben

  <u>ゆう</u>めい - yuu - **Ju**gend　　<u>ええ</u> - ee - **Äh**re
- Der Vokal *o* wird gedehnt ausgesprochen, wenn う auf ihn folgt.

  Bsp.: お<u>とう</u>さん - tou - **To**n

  き<u>のう</u> - nou - **No**t

  Bei manchen Wörtern folgt ausnahmsweise お hinter dem zu dehnenden *o*-Laut.

  Bsp.: <u>おお</u>きい - oo - **O**ber

  <u>とお</u> - too - **To**n
- Umschriebenes "e" wird in Kombination mit い ähnlich wie *äh* im Deustschen ausgesprochen.

  Bsp.: せん<u>せい</u> - sei - **Se**ine (franz. Fluss)

4. Konsonantenabänderungen durch ゛ und ゜ mit ihrer Hepburn-Umschrift

が	ぎ	ぐ	げ	ご
Gasse☆ (ga)	Gift☆ (gi)	Guatemala☆(gu)	Genf☆ (ge)	Gold☆ (go)
ざ	じ	ず	ぜ	ぞ
Sand★ (za)	Jim◇ (ji)	Sudan★ (zu)	sechs★ (ze)	sollen★ (zo)
だ		づ	で	ど
dann (da)		Sudan (zu)	denn (de)	Donner (do)
ば	び	ぶ	べ	ぼ
Ballet (ba)	Bild (bi)	Butan (bu)	Bett (be)	Bonn (bo)
ぱ	ぴ	ぷ	ぺ	ぽ
Panne (pa)	Pilz (pi)	publik (pu)	Pelz (pe)	Post (po)

☆ : Wenn が, ぎ, ぐ, げ und ご nicht am Anfang eines Wortes stehen, sprechen viele Japaner sie nasal oder halb nasal aus.

★ : Das umschriebene "*z*" ist weicher als im Deutschen und am ehesten mit dem französischen *z*, wie z.B. in "Zola", vergleichbar.

◇ : Das umschriebene "*j*" ist noch weicher als das *j* im englischen Personennamen "Jim".

5. Konsonantenabänderungen durch Anhängen von kleinen ゃ, ゅ, ょ mit ihrer Hepburn-Umschrift

きゃ	kya*	きゅ	kyu	きょ	kyo
しゃ	sha (=scha)	しゅ	shu	しょ	sho
ちゃ	cha (=tscha)	ちゅ	chu	ちょ	cho
にゃ	nya	にゅ	nyu	にょ	nyo
ひゃ	hya	ひゅ	hyu	ひょ	hyo
みゃ	mya	みゅ	myu	みょ	myo
りゃ	rya	りゅ	ryu	りょ	ryo
ぎゃ	gya	ぎゅ	gyu	ぎょ	gyo
じゃ	ja (=dscha)	じゅ	ju	じょ	jo
びゃ	bya	びゅ	byu	びょ	byo
ぴゃ	pya	ぴゅ	pyu	ぴょ	pyo

* gesprochen wie *kja*, aber das *j* kürzer und weniger betont.

Anmerkung: Die Tabelle entspricht der Hepburn-Umschrift mit deutscher Aussprache in Klammern wo notwendig. Genauere Angaben zur Aussprache von Vokalen und Konsonanten siehe Hiragana- und Katakana-Tabelle Seite 148.

6. Konsonantenabänderungen durch kleingeschriebenes っ

Ein kleingeschriebenes っ vor den umschriebenenen Konsonanten *k, p, s, t* wird mit einer deutlichen Pause davor ausgesprochen. っ wird als eine Silbe betrachtet.
Bsp.: あさって - asa*tte - (viersilbig) *deutliche Pause vor *tte*!

Lektion 1

Ü2

a) Beatlesです。

b) Marilyn Monroeです。

c) Napoleonです。

d) Beethovenです。

e) Chaplinです。

Ü6

1) ① B ②A ③ C 2) ① B ② C ③A

Ü9

Deutschland Amerika Frankreich Japan Schweiz Brasil Kanada Mexiko Thai

Ü11

Aは　日本です。　Bは　ドイツです。Cは　Franceです。Dは　Spainです。Eは　Italiaです。Fは　Russijaです。Gは　Canadaです。Hは　Americaです。Iは　Mexicoです。Jは　Australiaです。

Lektion 2

Ü3

(a) いいえ、Austria人です。

(b) はい、ドイツ人です、

(c) はい、ドイツ人です。

(d) いいえ、Austria人です。

(e) いいえ、Austria人です。

(f) はい、ドイツ人です。

Ü5

え(3) い(7) か(5) さ(4) た(4)

は(2) す(5) で(4) の(4) ん(5)

が(1) ざ(1) だ(2) ば(2) ず(2)

Lektion 3

Ü2

1) Albert Einstein: ドイツ人 /America人

2) Toshiro Mifune : 日本人

3) Maria Theresia: Austria人

4) Robert DeNiro: America人

5) Herbert von Karajan: Austria人

6) Franz Kafka: Austria人/Checo人

Ü6

a. はじめまして。Tokyo Evening News の　いしいです。cameraman です。b. はじめまして。JALの　いでです。pilot です。c. はじめまして。Siemens の　Keller です。programmer です。

Ü7

a) A: Benz はスイスのかいしゃですか。
B: いいえ、ドイツの　かいしゃです。

b) B: いいえ、Americaの　かいしゃです。

c) B: はい、ドイツの　かいしゃです。

d) B: いいえ、France の　かいしゃです。

e) B: はい、日本の　かいしゃです。

f) B: いいえ、Olanda の　かいしゃです。

g) B: いいえ、日本の　かいしゃです。

h) B: いいえ、スイスの　かいしゃです。

i) B: いいえ、America の　かいしゃです。

j) B: いいえ、America の　かいしゃです。

k) B: はい、日本の　かいしゃです。

l) B: いいえ、日本のかいしゃです。

Ü12

こんばんは (2)　はじめまして (2)
すみません (2) ではまた (3)　じゃ (2)

Lektion 4

Ü1

a. Tasse b. Gabel c. Löffel d. Toaster e. Auto

Ü4

a: 2 A: すみません。日本の　かたですか。
B: はい、　日本人です。

b: 3 A: こんばんは。
B: こんばんは。

c: 1 A: じゃまた。（ではまた。／じゃ。）
B: じゃまた。（ではまた。／じゃ。）

d: 4 A: はじめまして。
B: はじめまして。

Lektion 5

Ü1

すいえい、からて、とざん、golf, tennis, judo, dance, ski, skate, basketball, jogging, badminton

Lektion 6

Ü4

1) picnic を　しました。

2) cycling を　しました。

3) barbecue を　しました。

4) chess を　しました。

5) パーティーを　しました。

6) かいものを　しました。

Ü7
いしださんは　すいえいをします。テニスもします。
ももやまさんは　かいものを　します。
りょうりも　します。

Ü10

	パーティー	しごと	りょこう	りょうり
日本	△	○		
ドイツ	△	◎	×	○
スイス	△	○	○	
Austria	△	○		
U.S.A.	◎		◎	×

Lektion 8

Ü8
aは　さかいさんの　うちです。
bは　いしいさんの　かいしゃです。
cは　いでさんの　しみん大学です。
dは　やまださんの　うちです。
eは　さのさんの　かいしゃです。

Lektion 9

Ü7
a. 東京から　いでさんの　おとうさんが　きます。
b. いでさんの　おとうさんは　せんせいです。
c. いでさんの　おかあさんは　テニスを　します。
d. いでさんの　おかあさんが　ベルリンに　いきます。
e. いでさんの　おとうさんは　あした　しごとに　いきます。
f. いでさんの　おかあさんは　ときどき　ドイツの　本を　よみます。
g. いでさんの　ともだちは　オーストリア人です。

Ü8 a→7, b→5, c→2, d→1, e→6, f→4, g→3

Lektion 10

Ü1
Anna Karenina: Tolstoy, Tom Sawyer: Mark Twain, Tonio Kröger: Thomas Mann, Faust: Goethe, Macbeth: Shakespeare, Wilhelm Tell: Schiller, Les Misérables: Hugo

Ü10
２時から　えいがです。/えいがを　みます。
４時から　かいものです。/かいものを　します。
５時から　日本語の　べんきょうです。/日本語の　べんきょうを　します。
８時から　ベルリンフィルの　コンサートに　いきます。/ベルリンフィルの　コンサートです。　１０時半から　本を　よみます。

Ü11
a) スイスの　まちです。
b) ドイツの　ひとです。/ドイツ人です。
c) z.B. Langenscheidtの　じしょです。
d) z.B. Tanzstraßeの　ディスコです。
e) z.B. オペルの　車が　いいです。

Lektion 11

Ü4
1) とても　げんきでした。
2) とても　おもしろかったです。
3) たいへんでした。
4) よかったです
5) むずかしかったです。
6) たのしかったです。7) とても　きれいでした。

Ü5
おもしろかったです/よかったです/きれいでした/しずかでした/にぎやかでした/おもしろかったです

Ü8 a→4　b→1　c→2　d→3　e→5

Lektion 12

Ü1
1) １月　2) ７月　3) ６月
5) １３日　6) １２日　7) １

Ü3
1) おとといは　１１日でし
2) あしたは　２７日です。
3) あさっては　１７日です
4) おとといは　２９日でし

Ü4
1) １月１日　2) ２月２日　3.
4) ６月６日 5) ７月９日　6)
7) ５月５日　8) ８月１０日
10) １０月８日

Ü5
オットー：３月８日
マリア：５月４日、　アンケ

Ü10 (möglische Lösungen:)
さのさんは　火曜日に (は)
いました。水曜日には　あい

水曜日に(は)　バッハの　コンサートを　ききました。/コンサートに　いきました。木曜日には　ききませんでした。/いきませんでした。
木曜日に(は)　フランスの　えいがを　みました。金曜日には　みませんでした。
金曜日に(は)　本を　かいました。/よみました。土曜日には　かいませんでした。/よみませんでした。
土曜日に(は)　ドイツりょうりを　たべました。日曜日には　たべませんでした。

Ü13

1. B: すみません。じつは　火曜日は　テニスを　します。
2. B: すみません。じつは　水曜日は　ベルリンに　いきます。
3. B: すみません。じつは　木曜日は　英かいわがっこうに　いきます。
4. B: すみません。じつは　おととい　ロンドンで ききました。
5. B:すみません。じつは　あしたは　さのさんが　きます。
6. B: すみません。じつは　土曜日は　がっこうで　おしばいを　みます。
7. B:すみません。じつは　日曜日は　うちで　しごとを　します。

Lektion 13

Ü3

1)いしいさんは　らいげつです。
2)エリカさんは　かいしゃです。
3)ケラーさんは エビフライと サラダです。
4)わたしは　英語です。
5)わたしの　ははは　5月5日です。
6)わたしは　てんぷらていしょくです。

Lektion 14

Ü1

a:ビールは　ドイツ語で「Bier」です。
ミルクティーは「Tee mit Milch」です。
レモンティーは「Tee mit Zitrone」です。
オレンジジュースは「Orangensaft」です。
b:「チーズ」は「Kase」です。「パン」は「Brot」です。「サラダ」は「Salat」です。
「スープ」は「Suppe」です。
「ヨーグルト」は「Yoghurt」です。
「ハム」は「Schinken」です。
「ジャム」は「Marmelade」です。
「にく」は「Fleisch」です。
「ケーキ」は「Kuchen」です。
「ソーセージ」は「Wurst」です。

Ü3

a:「スケート」は　「Schlittschuhfahren」です。
「バスケットボール」は　ドイツ語で「Basketball」です。
「サイクリング」は「Fahrradfahren」です。
「サッカー」は「Fußball」です。
「アメリカンフットボール」は「American Football」です。
b:「ジャズ」は「Jazz」です。
「クラシック」は「klassische Musik」です。
「ロック」は「Rock'n Roll」です。
「ポップ」は「Pop-Musik」です。
「ブルース」は「Blues」です。
「シャンソン」は「Chanson」です。

Lektion 15

Ü8 A: 2　B: 1　C: 5　D: 3　E: 4

Lektion 16

Ü1

A: しゃしんを　とっても　いいですか。
B: はい、どうぞ。
/どうぞ　とって　ください。
A: 本を　よんでも　いいですか。
B: はい、どうぞ。
/どうぞ　よんで　ください。
A: CDを　きいても　いいですか。
B: はい、どうぞ。
/どうぞ　きいて　ください。
A: でんわを　しても　いいですか。
B: はい、どうぞ。
/どうぞ　して　ください。
A: うちに　かえっても　いいですか。
B: はい、どうぞ。
/どうぞ　かえって　ください。

Ü2

1. b　2. d　3. a　4. c

Ü3

1. d　2. a　3. c　4. b

Ü7

1. d　2. c　3. b　4. a　5. f　6. e

Wörterverzeichnis

カード	Kreditkarte	16
カイ	Kai	2
かいしゃ	Firma	3
かいしゃいん	Firmenangestellter	3
かいます(←かう)	(ein)kaufen	8
かいもの	Einkäufe	5
かいものを します	Einkäufe machen	5
かいわ	Dialog	12
かいわがっこう	Sprachenschule	12
かえります(←かえる)	zurückkehren	12
かぎ	Schlüssel	16
かきます(←かく)	schreiben	6
がくせい/学せい	Student	4
かさ	Regenschirm	8
かた	Person (höflich)	2
カタカナ	Katakana	16
がつ/月 (さんがつ/3月)	der (3.) Monat des Jahres	12
がっこう	Schule	12
カップヌードル	cup noodle	13
かね/おかね	Geld	15
かようび/火曜日	Dienstag	12
から (日本から)	Partikel: aus/von	9
から (9時から)	Partikel: ab/von	10
から (わたしから)	Partikel: von mir	16
からおけ	Karaoke	7
からて	Karate	5
カルメン	Carmen	11
かんがえます(←かんがえる)	überlegen	15
かんじょう/おかんじょう	Rechnung	13
かんたん(な)	einfach	11
かんぱい	Prost!	15
がんばります(←がんばる)	sich Mühe geben	16

き

ききます(←きく)	hören	7
ききます(←きく)	fragen	16
きっと	sicherlich	10
きっぷ	Fahrkarte	16
きのう	gestern	6
きます(←くる)	kommen	8
きゅう/く/九	neun	10
きょう	heute	6
きょうかしょ	Lehrbuch	8
きょねん	letztes Jahr	14
きれい(な)	schön, sauber	11
ぎんこう	Bank	7
きんようび/金曜日	Freitag	12

く

く/きゅう/九	neun	10
くうこう	Flughafen	14
くすり	Medikament	15
くすりや/〜屋	Apotheke(r)	15
クッキー	Kekse	15
くに	Staat	9
クラシック	klassische Musik	14
グラス	Glas	15
クリスマス	Weihnachten	12
くるま/車	Auto	8
(クレジット)カード	Kreditkarte	16

け

ケーキ	Kuchen	14
ケーキや/ケーキ屋	Konditorei	15
ゲーテ	Goethe	10
けっこう(な)	schön, gut	16
げつようび/月曜日	Montag	12
げんき(な)	gesund	8
げんきじゃない	nicht gesund	8
けんどう	Kendo	8

こ

ご/語	Sprache	4
ご	Go-Spiel	6
ご/五	fünf	10
こうえん	Spielplatz, Park	8
こうちゃ	schwarzer Tee	7
コート	Mantel	8
コーヒー	Kaffee	13
コーラ	Cola	14
ゴールデンウィーク	Golden Week	12
ごご	Nachmittag	10
ここのか/九日	der 9. Tag des Monats	12
ここのつ/九つ	neun (Stück)	13
ごぜん	Vormittag	10
こども	Kind	6
この	dieser (+Substantiv)	14
ごはん	Reis, Mahlzeit	4
これ	das hier	4
コンサート	Konzert	10
こんしゅう	diese Woche	12
こんど	nächstes Mal	14
こんにちは	Guten Tag!	8
こんばんは	Guten Abend!	2

さ

サイクリング	Radfahren	14
さいふ	Portemonnaie	8
さかな	Fisch	3
さかなや/さかな屋	Fischladen	3
さけ/おさけ	Reiswein	7
さしみ/おさしみ	rohes Fischfilet	7
サッカー	Fußball	14
さようなら	Auf Wiedersehen!	8
サラダ	Salat	13
さん (いでさん)	Frau, Herrr	1
さん/三	drei	10
ざんねん	schade	7
さんぽ	Spaziergang	5
さんぽ(を)します	spazieren gehen	5

し

し/よん/四	vier	10
じ/時	Uhr(zeit)	10
CD(シーディー)	CD	8
しごと	Arbeit	3

Wörterverzeichnis

しごとを します arbeiten 5
じしょ Wörterbuch 8
しずか(な) ruhig 11
しち/なな/七 sieben 10
じつは offen gesagt 12
しつれいします Ich verabschiede mich. / Ich komme herein. 8
シドニー Sydney 9
しばい/おしばい Theaterstück 11
します(←する) machen, tun 5
しません(←しない) Verneinungsform von します 5
しみんだいがく/しみん大学 Volkshochschule 4
じゃ Tschüs! 3
しゃしん Foto 14
ジャズ Jazz 14
じゃないです Verneinungs-form von です 3
じゃなかったです Vergangen-heitsform von じゃないです 11
ジャム Marmelade 14
シャンソン Chanson 14
シャンペン Champagner 15
じゅう/十 zehn 10
じゅうしょ Adresse 14
ジュース Saft 13
じゅうどう Judo 6
じゅぎょう Unterricht 10
しょくじ Essen 6
しょくじを します essen gehen 6
しろ Weiß 15
しろい weiß 15
じん/人 (日本人) Mensch (aus Japan=Japaner) 2

す

すいえい Schwimmen 5
すいえいを します schwimmen gehen 5
スイスじん/スイス人 Schweizer 2
すいようび/水曜日 Mittwoch 12
スーパー Supermarkt 7
スープ Suppe 1
すき(な) mögen, lieben 10
スキー Skifahren 7
すきやき Sukiyaki 7
すぐ gleich 9
スケート Schlittschuhlaufen 14
すし/おすし Sushi 4
すてき(な) prima 16
スペイン Spanien 9
スポーツ Sport 5
すみません Entschuldigung! 3
すもう Sumo 6
する tun, machen 8

せ

せいと Schüler 4
ぜひ unbedingt 14
せんしゅう lezte Woche 11
せんせい Lehrer 1

そ

そう (そうですか) so (ist es) 7
そう (そうします) das (mache ich) 10
そうじ Saubermachen 5
そうじを します putzen 5
ソーセージ Wurst, Würstchen 14
その jener (+Substantiv) 16
それ das da 4
それ das (im Gespräch zuvor Gesagte) 9
それから dann, und 13
それで deswegen 11

た

だ Wörterbuchform von です: ist, sind etc. 16
だいがく/大学 Universität 4
だいじょうぶ(な) sicher, möglich 7
たいへん(な) anstrengend 11
だし/山車 geschmückter Festwagen 14
たのしい fröhlich, amüsant 11
たのしかった Vergangen-heitsform von たのしい 11
たべます(←たべる) essen 9
たべもの Lebensmittel 14
だめ(な) es geht nicht, man darf (das) nicht 16
だれ (wer) 8
だれが wer 8
だれの wessen 8
だれも niemand 8
たんじょうび Geburtstag 12

ち

ちいさい/小さい klein 9
チーズ Käse 14
チーズバーガー Cheeseburger 13
ちず Landkarte, Stadtplan 15
ちち (mein) Vater 9
チョコレート Schokolade 15
ちょっと ein bisschen 7
ちょっと kurz 15

つ

ついたち/一日 der 1. Tag des Monats 12
つくえ Tisch 4

て

で (日本語で) Partikel: auf, in (Sprache etc.) 4
で (東京で) Partikel: in, an, auf (Handlungsort) 12
で (カードで) Partikel: durch, mit (Mittel etc.) 16

ていしょく Menü, Gedeck 13
ディスコ Disko 8
テーマ Thema 10
てがみ Brief 6
できます (←できる) können 9
できません Verneinungsform von できます 9
でした Vergangenheitsform von です 4
です (←だ) sein 1
です (←だ) Ersatz eines Verbs 8
テニス Tennis 6
テニスコート Tennisplatz 12
では nun, also dann 3
デパート Kaufhaus 8
でも aber 4
て ください (みてください) bitte (etwas tun) 14
て(も)いい (みてもいい) (etwas tun) dürfen 16
テレビ Fernseher 14
テレビばんぐみ Fernsehsendung 14
てんき Wetter 9
てんぷら Tempura 13
でんわ Telefon 8
でんわばんごう Telefonnummer 16

と

と (AとB) Partikel:(A) und (B) 5
と (なんという) Partikel für Zitat 11
と (といっしょに) Partikel: mit (jemandem) 16
ドイツ Deutschland 1
ドイツご/ドイツ語 Deutsch (Sprache) 4
ドイツじん/ドイツ人 Deutscher 2
ドイツりょうり deutsche Küche 7
どう wie 7
どう いたしまして Nichts zu danken! 16
とうきょう/東京 Tokio 8
どうぞ bitte (nehmen/essen /trinken Sie!) 7
どうぞ おだいじに Gute Besserung! 9
どうぞ よろしく Angenehm!/ Sehr erfreut! 8
どうも Danke! 7
どうも Auf Wiedersehen! 8
とお/十 zehn (Stück) 13
とおか/十日 der 10. Tag des Monats 12
トーステン Thorsten 9
トーマス Thomas 9
トーマス・マン Thomas Mann 10
ときどき manchmal 5
どこ (wo etc.) 7
どこで wo (Handlungsort) 12
どこに wohin 7
どこの welcher 10
ところで übrigens 14
とざん Bergsteigen 5
とても sehr 9
どなた wer (höfliche Form von だれ) 8
どなたの wessen 8
どの welcher (+Substantiv) 11
トマトジュース Tomatensaft 15
ともだち Freund 8
どようび/土曜日 Samstag 12
とり Vogel, Huhn 13
とります (←とる) (auf-)nehmen 14
トルコ Turkei 11
どれ welches 8
とんかつ Schweineschnitzel 13

な

ないで ください bitte nicht (tun etc.) 16
なさいます höfliches Wort für します (tun) 13
なつやすみ Sommerferien 12
なな/しち/七 sieben 10
ななつ/七つ sieben (Stück) 13
なに/何 was 5
なにも/何も nichts, gar nichts 6
なのか/七日 der 7. Tag des Monats 12
なまえ Name 3
なん/何 was 4
なんがつ/何月 welcher Monat des Jahres 12
なんじ/何時 wie viel Uhr 10
なんという/何という wie heißt ... 11
なんにち/何日 wievielter Tag des Monats 12
なんようび/何曜日 welcher Wochentag 12

に

に (きょうとにいきます) Partikel: nach, zu 7
に (さのさんにあいます) Partikel: jemanden (treffen) 10
に (7時に) Partikel: um (Uhrzeit) 10
に (8日に) Partikel: an (Tag), in (Monat/Jahr) 12
に (おすしにします) Partikel: (sich) für (etwas entscheiden) 13
に/二 zwei 10
にがて (な) schwach, (etwas) nicht gerne machen 6
にぎやか (な) lebhaft 11
にく Fleisch 13
にち/か/日 Tag 12
にちようび/日曜日 Sonntag 12
にほん/日本 Japan 1
にほんえん/日本円 japanischer Yen 15
にほんご/日本語 Japanisch (Sprache) 4
にほんじん/日本人 Japaner 2
にほんちゃ/日本ちゃ grüner Tee 7

ね

ね (いいですね) Partikel für Zustimmung; nicht wahr? 6

の

の (ドイツの) Partikel: aus Deutschland (Herkunft) 2
の (Sonyの) Partikel: von Sony (Zugehörigkeit) 3
の (だれのうち) Partikel wessen Haus (Besitzer) 8
の (だれのえいが) Partikel: wessen Film (Produzent) 10
の (バッハのコンサート) Partikel: Bach-Konzert 10
ノート Notizbuch 16
のみます (←のむ) trinken 9
のみもの Getränke 13

は

は Zahn 3
は (AはBです) Themapartikel: Was A angeht, ist es B. 1
は (まえは/いまは) Themapartikel (einen Gegensatz ausdrücken) 4
は (Aはしません) Themapartikel (Das Wort vor は wird betont, gefragt oder verneint.) 5
パーティー Party 6
はい ja 2
はい/ばい/ぱい (1ぱい/2はい/3ばい) Glas/Tasse voll 16
はいしゃ Zahnarzt 3
はいります (←はいる) (hin-)eintreten 16
はし/おはし Essstäbchen 4
はじめまして Ich freue mich, Sie kennen zu lernen! 3
バス Bus 11
バスケットボール Basketball 14
パスポート Reisepass 16
はち/八 acht 10
はつか/二十日 der 20. Tag des Monats 12
バッハ Bach 10
はな Blume 3
はなし Story 11
はなします (←はなす) sprechen 14
はなみ/おはなみ Kirschblütenschau 6
はなや/はな屋 Blumenladen 3
はは (meine) Mutter 1
ハム Schinken 14
ハムサンド Schinken-Sandwich 13
はらいます (←はらう) bezahlen 15
パリ Paris 9
パン Brot 14
はん/半 halb (Uhrzeit) 10
ばんぐみ Sendung 14
ばんごう Nummer 16

ひ

ビール Bier 13
ひさしぶり Lange nicht gesehen! 9
ひと/人 Mensch 9
ひとつ/一つ ein (Stück) 13
ひゃく hundert 10
びょういん Krankenhaus 10
びょうき Krankheit 9
ひる/おひる Mittag 15

ふ

ファウスト Faust 11
フィデリオ Fidelio 11
ふじさん/富士山 Berg Fuji 14
ふたつ/二つ zwei (Stück) 13
ふつか/二日 der 2. Tag des Monats 12
フランス Frankreich 9
ふるい alt 9
ブルース Blues 14

へ

へ Partikel: nach, zu 8
ベートーベン Beethoven 10
ベルリン Berlin 9
べんきょう Lernen, Studium 6
べんきょう(を)します lernen 6
ベンツ (Mercedes-)Benz 10

ほ

ボーイフレンド Freund 16
ぼく ich (für Männer) 16
ポップ Popmusik 14
ホテル Hotel 11
ほん/本 Buch 5
ほん/ぼん/ぽん (2本/3本/6本) Stück 15
ほんとう wirklich 7

ま

まいにち jeden Tag 8
マイフェアレディ My Fair Lady 11
まえ (まえは) früher 4
ました (みました) Vergangenheitsform von ます 6
ましょう(か) (みましょうか) Wollen wir ...? 9
ます (みます) höfliche Endung des Verbs 5
ません (みません) Verneinungsform von ます 5
ませんでした Vergangenheitsform von ません 6
また Auf Wiedersehen! 3
まだ (まだがくせいです)

noch 4
まだ (まだです) noch nicht 15
また あした Bis Morgen! 8
まち Stadt 9
まちます (←まつ) warten 14
マッケ Macke 10
まつり/おまつり Fest 14
まで (5時まで) bis (Zeit) 10
まで (東京えきまで) bis zu, nach (Ort) 13

み

みず/おみず Wasser 7
みっか/三日 der 3. Tag des Monats 12
みっつ/三つ drei (Stück) 13
ミネラルウォーター Mineralwasser 15
みます (←みる) sehen 5
みやげ/おみやげ Souvenir 16
ミュージカル Musical 11
ミュージックフェスティバル Musikfestival 11
ミルクティー Tee mit Milch 14

む

むいか/六日 der 6. Tag des Monats 12
むかし (むかしは) früher 6
むずかしい schwierig 9
むっつ/六つ sechs (Stück) 13
むり (な) unmöglich 7

め

め Auge 3
めいしゃ Augenarzt 3
メニュー Speisekarte 15

も

も Partikel: auch 6
もう (もうきました) schon 15
もう (もういっぱい) noch (ein Glas usw.) 16
もくようび/木曜日 Donnerstag 12
もしもし Hallo! (Am Telefon) 9
もの Gegenstand, Ding 16

や

や (AやB) Patikel: (A) und (B) u.a./z.B. 14
や/屋 (さかな屋) Laden; Ladeninhaber 3
やきざかな gegrillter Fisch 13
やきとり gegrillte Hühnerspießchen 13
やきにく gebratenes Fleisch 13
やきゅう Baseball 6
やくそく Verabredung 16
やすみ/おやすみ arbeitsfreier Tag 12
やっつ/八つ acht (Stück) 13
やま/山 Berg 11

ゆ

ゆ/おゆ warmes Wasser 7
ゆうびんきょく Post(amt) 10
ゆうめい (な) berühmt 11
ゆかた Sommer-Kimono 4

よ

よ (いいですよ) Partikel zur Betonung 9
ようか/八日 der 8. Tag des Monats 12
ヨーグルト Yoghurt 14
よく (よくします) oft 5
よく (よくわかります) gut (Adverb) 11
よくない nicht gut: Verneinungsform von いい/よい 9
よっか/四日 der 4. Tag des Monats 12
よっつ/四つ vier (Stück) 13
よみます (←よむ) lesen 5
よろしく/どうぞよろしく Angenehm!/ Sehr erfreut! 8
よん/し/四 vier 10

ら

らいげつ nächster Monat 9
らいしゅう nächste Woche 13

り

りょうり Kochen 6
りょうりを します kochen 6
りょこう Reise 6
りょうこうを します verreisen 6
リルケ Rilke 10

れ

レコードや/レコード屋 Schallplattenladen 15
レジ Kasse 16
レストラン Restaurant 13
レモンティー Tee mit Zitrone 14

ろ

ローマ Rom 10
ろく/六 sechs 10
ロシア Russland 11
ロック Rockmusik 14
ロンドン London 9

わ

ワイン Wein 13
わかります (←わかる) verstehen 10
わすれます (←わすれる) vergessen 11
わたし ich 5
わたしの mein 8
わりかん getrennte Bezahlung 15

を

を (スポーツをします) Objektpartikel 5

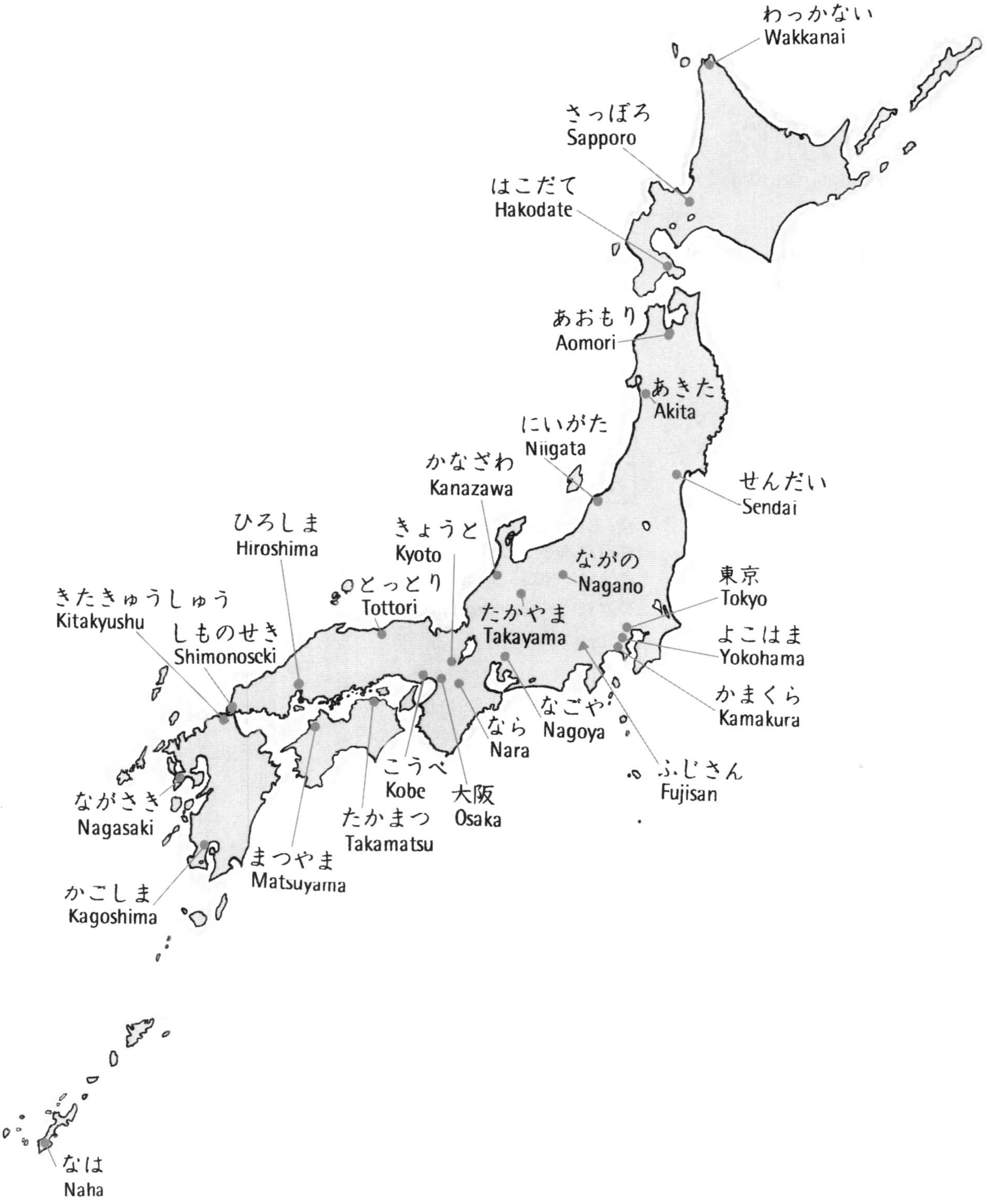
わっかない
Wakkanai
さっぽろ
Sapporo
はこだて
Hakodate
あおもり
Aomori
あきた
Akita
にいがた
Niigata
せんだい
Sendai
かなざわ
Kanazawa
ひろしま
Hiroshima
きょうと
Kyoto
ながの
Nagano
東京
Tokyo
とっとり
Tottori
たかやま
Takayama
きたきゅうしゅう
Kitakyushu
しものせき
Shimonoseki
よこはま
Yokohama
かまくら
Kamakura
なごや
Nagoya
なら
Nara
こうべ
Kobe
大阪
Osaka
ふじさん
Fujisan
ながさき
Nagasaki
たかまつ
Takamatsu
まつやま
Matsuyama
かごしま
Kagoshima
なは
Naha